中青年经济学家文库

ZHONGQINGNIAN JINGJIXUEJIA WENKU

河北省智库研究项目（项目编号：HB21ZK24）

环京津核心功能区
城市功能优化与能级提升研究

阎东彬　乔冠日　赵宁宁／著

HUANJINGJIN HEXIN GONGNENGQU
CHENGSHI GONGNENG YOUHUA YU NENGJI TISHENG YANJIU

中国财经出版传媒集团

经济科学出版社
Economic Science Press
北京

图书在版编目（CIP）数据

环京津核心功能区城市功能优化与能级提升研究／
阎东彬，乔冠日，赵宁宁著．－－北京：经济科学出版社，
2023.11

ISBN 978－7－5218－4950－9

Ⅰ.①环…　Ⅱ.①阎…②乔…③赵…　Ⅲ.①城市建
设－研究－华北地区　Ⅳ.①F299.272

中国国家版本馆 CIP 数据核字（2023）第 132163 号

责任编辑：宋艳波
责任校对：王京宁
责任印制：邱　天

环京津核心功能区城市功能优化与能级提升研究
阎东彬　乔冠日　赵宁宁/著
经济科学出版社出版、发行　新华书店经销
社址：北京市海淀区阜成路甲 28 号　邮编：100142
总编部电话：010－88191217　发行部电话：010－88191522
网址：www.esp.com.cn
电子邮箱：esp@esp.com.cn
天猫网店：经济科学出版社旗舰店
网址：http://jjkxcbs.tmall.com
固安华明印业有限公司印装
710×1000　16 开　13.75 印张　205000 字
2023 年 11 月第 1 版　2023 年 11 月第 1 次印刷
ISBN 978－7－5218－4950－9　定价：68.00 元
（图书出现印装问题，本社负责调换。电话：010－88191545）
（版权所有　侵权必究　打击盗版　举报热线：010－88191661
QQ：2242791300　营销中心电话：010－88191537
电子邮箱：dbts@esp.com.cn）

前　言

　　党的二十大报告指出，要深入实施区域协调发展战略、区域重大战略，推进京津冀协同发展，高标准、高质量建设雄安新区。以城市群、都市圈为依托构建大中小城市协调发展格局，打造宜居、韧性、智慧城市。《中共河北省委关于制定国民经济和社会发展第十四个五年规划和二〇三五年远景目标的建议》明确提出，要"加快空间治理现代化，强化'四区'联动发展。环京津核心功能区，重点抓好北京非首都功能疏解承接工作，打造与京津一体化发展先行区"。环京津核心功能区作为河北省四大战略功能区之一，聚焦非首都功能疏解这一战略定位，以城市功能实现、城市功能优化达成城市能级提升、进而支撑京津一体化发展先行区建设，这一路径设计为加快推进以首都为核心的京津冀世界级城市群建设、促进区域协调发展，提供了一种新的研究思路。

　　城市功能空间分布、能级提升是一个系统复杂的问题，研究尺度多聚焦于国家级城市群或者像上海、北京这样的世界级城市，宏观设计或微观聚焦较多，而中观层面上对城市群内小区域空间单元的关注则较少，在一定程度上削弱了政策的适用性和系统性。随着新一轮科技革命和产业变革的加速，智慧城市、韧性城市建设步伐大大加快，城市及由若干城市联结而成的城市团组，呈现出功能分工的高度精细化、功能优化的快速迭代化，并由此引致城市团组发展能级的整体性跃升，进而对区域协调发展产生重大影响。环京津核心功能区就是这样一个生动的案例。

　　本书从理论解析、实践剖析、咨政探析三个维度，对环京津核心功能区城市功能优化与能级提升问题做了积极的探索：一是运用多学科交叉方法，对城市功能及城市能级的内涵进行了学理解析，绘制了京津冀世界级城市群规格下"环京津核心功能区"功能图谱，从中观尺度上丰富了区域功能理论和区域"规模—结构"理论；二是运用访谈法、问卷调查法，对保定、廊坊、雄安新区"十四五"以来的城市功能变迁及能级演化进行了深度观察及实践剖析，同时将观察结果与京津冀世界级城市群规格下"环京津核心功能区"功能图谱进行了特征比对，在厘清差异的基础上提出了城市功能优化与能级提升的可行性路径；三是运用统计方法和大数据分析方法，分别构建了环京津核心功能区"生产功能—生活功能—生态功能"城市功能评价体系、"经济—创新—服务—开放"城市能级演化模型、"城市功能—城市能级"耦合模型及耦合协调度模型，从过程和状态两个维度揭示了城市功能优化与城市能级提升之间的耦合特征及作用机制，并在模型框架内对环京津核心功能区的城市功能及能级演化路径进行了仿真模拟，进而提出环京津核心功能区城市功能优化的方向与能级提升的实现路径，为其他功能区探索解决"功能空间优化和能级提升"的困境提供了一种可资借鉴的案例样本。

本书共八章。第一章和第二章是理论基础；第三章、第四章、第五章分别剖析环京津核心功能区城市功能优化与能级提升的现实图景及特征差异；第六章从实证角度，揭示城市功能优化与能级提升之间的耦合特征及作用机制，为实现环京津核心功能区功能优化与能级提升提供数理支撑；第七章主要剖析长三角城市群、粤港澳城市群提升区域能级和核心竞争力的经验；第八章从咨政层面，提出环京津核心功能区城市功能优化与能级提升的基本原则、实现路径和政策设计。

感谢乔冠日老师、刘晓萌老师、赵宁宁老师、王蒙蒙老师，在研究过程中做了大量文献整理和数据分析工作。本书写作时间历时两年，期间因多种原因研究几度中断，因知识储备、研究能力、学术经历所限，成文之时仍有某些研究设想未曾实现，这亦成为未来思考、研究的方向。本书存在的不足，敬请各位专家、同仁批评指正。

目录
Contents

| 第一章 |

理论建构

在现代化城市的建设进程中，城市区域化和区域城市化两类特征越发凸显。2020 年 4 月 10 日，习近平总书记在中央财经委员会第七次会议上强调，增强中心城市和城市群等经济发展优势区域的经济和人口承载能力是符合客观规律的。① 同时，城市发展不能只考虑规模经济效益，必须把生态和安全放在更加突出的位置，统筹城市布局的经济需要、生活需要、生态需要、安全需要。②

2019 年，河北省委、省政府印发的《关于贯彻落实建立更加有效的区域协调发展新机制的实施方案》（以下简称《方案》），提出在加快省内区域协调发展方面要重点打造四大战略功能区，环京津核心功能区（包括保定市、廊坊市、雄安新区）即为其中之一。《中共河北省委关于制定国民经济和社会发展第十四个五年规划和二〇三五年远景目标的建议》（以下简称《建议》）明确指出，要"加快空间治理现代化，强化'四区'联动发展。环京津核心功能区，重点抓好北京非首都功能疏解承接工作，打造与京津一体化发展先行区"。在"十四五"期间乃至更长时期，保定市、廊坊市、雄安新区如何落实环京津核心功能区功能定位，在城市功能实现、城市功能优化中实现城市能级的跃升，进而有效支撑

---

① 习近平. 国家中长期经济社会发展战略若干重大问题［J］. 求是，2020（21）.
② 习近平谈城市建设与发展［EB/OL］.（2021 – 05 – 08）［2023 – 05 – 21］. http：//www. dangjian. cn /202105/t20210508_6040035. shtml.

京津一体化发展先行区建设,是高标准、高质量推进雄安新区建设发展、打造京津冀世界级城市群及世界级科技创新中心的重要命题。

因此,系统地梳理国内外文献,在充分认识城市功能内涵与外延的基础上,进一步厘清城市空间结构、功能分布与优化、能级提升的内在逻辑关联和经济联系及相应的理论基础,既是本研究的逻辑出发点,同时也是深刻认识环京津核心功能区城市功能体系、理解和剖析环京津核心功能区能级优化与提升潜在路径的必要前提。

第一节　研究源流

一、城市功能的内涵研究

不同学科对城市功能的理解和侧重点有所差异。城市社会学、城市管理学、城市经济学、城市地理学以及城市规划学都有各自独到的观点。人们对于城市功能的认知随着城市的发展在不断拓展和深化。

关于城市功能内涵的探讨,最初是从城市规划的角度出发,并由城市的单一功能向复合功能逐渐深化,对城市功能认知的角度也从城市整体功能分化为内部功能和外部功能、主导功能和一般功能。1921 年,英国地理学者奥隆索(M. Auronsseau)首次根据城市形象将城市功能分为行政、国防、文化、生产、交通、娱乐 6 种类型。1933 年,由国际建筑学会(international association of architecture)颁布的《雅典宪章》,将城市的功能分为居住、职业、休息和交通 4 种功能,初步提出了功能分区的思想,但这四大功能仅围绕城市的生活功能展开。1943 年美国学者哈里斯(C. D. Harris)从美国的城市特征出发,把城市的职能划分为十大类,包括制造业类、加工工业类、零售商业类、批发商业类、运输业类、矿业城市类、大学城市类、综合城市类、娱乐休养类以及政治中心类。其后,波纳尔(L. L. Pownall, 1953)、麦克斯维尔(J. W. Maxwell, 1965)

和萨默（J. W. Sommer，1974）等对"城市职能"的含义和分类的研究作出了重要贡献。1977 年国际现代建筑协会签订的《马丘比丘宪章》提出城市规划应努力创造一个综合的、多功能的生活环境，将城市功能由单一的生活功能延伸到了生产功能、生态功能，最早提出了城市功能的复合概念。

沃纳·赫希（Werner Z. Hirsch）在《城市经济学》一书中对城市功能形成及发展机制进行了初步探讨，他认为通过供给侧和需求侧这两股力量的相互作用以及这种相互作用对城市化的深化与强化，供求的结合通过乘数效应和阈值原理的作用，最终引起了功能形成机制的产生。在城市主导功能演变方面，伴随着生产力的不断发展，其主导功能也在不断变化。早期的城市以生产功能为主，到 19 世纪末期城市主导功能逐渐由生产向服务转变。到 20 世纪中叶，城市主导功能表现为集生产、服务、集散和管理一体的复杂功能。到 21 世纪初，生产力带来的信息技术变革促使城市功能以文化和创新为主（Fujita，1997；Duranton，2003；Bade，2004）。

国内相应研究的兴起相对较晚，主要集中在对城市功能的分解以及城市间功能定位耦合等研究视角上。肖玮、林承亮（2010）指出，城市功能是城市在一国或地区的政治、经济、文化生活中所担负的使命和发挥的作用，以及由于这种作用的发挥而产生的效能。潘承仕（2004）从城市经济表现出的聚集效应与地域效应出发，把城市的职能划分为对内与对外两个层次：对外职能是指城市在一定范围内对某一地区的资源起到吸收的作用，同时随着城市的发展，对社会经济与文化等各个领域起到了辐射与引领的作用；在内部功能方面，可以具体划分为市场环境功能、环境服务功能以及服务承受力三个部分，在这些部分中，城市的外在功能是以内在市场功能为基础的，而对外部吸收功能的加强，则可以使城市的内在功能得到进一步的提高。安晓明（2016）以内陆节点城市的功能为出发点，指出除政治、经济和文化等传统功能之外，内陆节点城市还承担着内陆地区交通枢纽、要素聚集、综合服务、信息中心等功能。陈柳钦的研究（2020）认为城市的各项功能并不是比量齐观的，它有一般职能和核心职能之分。同一区域内的城市之间同样应存在明显的功能分工（赵勇、白永秀，2012；张学良，2019；尚永珍、陈耀，2020），地区核心城市是金融中心，是交通运输和通信枢纽以及人才聚集之地，也是通往国际市场最便利的门户（巫细波等，2019；陆大道，2009），一般中等城市主要发展制造业，而中小城镇侧重于发展一般制造和零件制造（安树伟，2010）。

在针对京津冀城市群功能定位的研究中，陆大道（2015）指出，京津冀城市群应当通过建立"资金流""信息流""物流""人才流"等重要"流"节点，形成一个能够左右甚至主导全球经济系统的大型区域，成为中国在全球经济系统中具有较强竞争力的一个核心发展平台。张可云（2014）认为，推动京津冀区域间的协作，提升区域间的综合协调水平，是推动京津冀区域经济社会发展一体化、打造京津冀区域成为国际一流城市群的必经之路。相应城市功能培育的主要任务在于促进空间重组和整合，有效引导人口、产业适度集中，优化城乡土地利用结构以及加强区域性基础设施的统一化建设和一体化管理（陆大道，2014）。而在京津冀协同发展的视域下，京津冀地区的职能分工应该是一种互利互赢的关系，北京应该将功能疏解作为其提高人民生活品质、改善空间不均衡、完成城镇发展方式转变的关键节点，而天津和河北应该通过合理承接北京职能的疏解与产业转移来加大自身经济转型升级，以此促进京津冀都市圈整体竞争力的提高（孙久文、原倩，2014；孙久文、夏添，2018）。针对京津冀间产业分工和转移对接的问题，张贵（2014）指出，京津地区产业承接和转移的主体思路是：技术上"进链"，企业上"进群"，行业上"进带"，园区上"进圈"，形成"项目带动、企业拉动、集群驱动、产城互动、区域联动"的新格局（魏丽华，2017）。

在此基础上，雄安新区的设立不仅是对北京非首都功能进行调整和疏解的一个重要载体，又是京津两大都市的"反磁力中心"，二者相辅相成、不可偏废（肖金成、李博雅，2020）。杨开忠（2017）提出雄安新区作为京津冀协同一体化的重要发动机，其规划和建设应该遵循内外空间一体化的发展思路，着力解决好京津冀协同发展的"点—线—面"的空间功能定位关系，以及与北京城市副中心之间的功能定位关系。建成后的雄安新区不仅应成为中国重要的新兴全球资源配置中心枢纽和生产节点，同时也是具有全球影响力的国家科技创新新城，是我国形成新发展格局的新引擎（田学斌，2022；杨开忠，2022）。李国平（2018）指出其中一个重要的抓手是以北京高校和研究院所为依托，成立世界水平的科学技术和教学基地，建造国际一流的科学技术和教学平台，打造世界水平的科学技术和教学服务系统，以此发展京津冀科技创新的核心竞争力。刘秉镰（2022）认为，雄安新区应从城市发展的客观规律出发，兼顾促进创新型产业和创造就业机会的发展，要结合市场机制大力发展民营经济，同时还要兼顾协调周边地区的发展（高智，2022）。

二、城市功能分区研究

城市功能分区是以城市主要功能为基础，将各地区进行划分，形成功能统一、相对独立但又相互关联的功能区，从而形成一个具有良好结构的有机体。与城市分区相区别，城市功能分区通常是随着产业结构的发展而产生出来的，它是各个物质要素在地域上的一种分化的组合，它更注重对区域主体功能的突出和提高，如工业区、居住区、休闲娱乐区等，而城市分区则更注重城市地域区片的划分，如城市中心区、近郊区等（刘欣葵、彭文英，2010）。

西方功能分区理论产生于产业革命后，由于工业化带来的工厂、仓库、住宅等杂乱相处导致生活生产无序混乱，引发了严重的卫生事故，此后，一些学者如霍华德和加尼埃等开始对现代城市的功能分区进行探讨，提出"田园城市""工业城市"等概念。第二次世界大战后，对城市功能分区的规划和建设理论趋于成熟。传统城市功能分区理论严格地按照功能属性对城市区域进行划分,一般分为居住区、工业区、商业区、仓库区、对外交通区等,有些城市还有行政区、文教区、休养区等。随着生产力的进一步发展,以美国为首的"新城市主义"对传统功能分区理论进行了修正,认为城市不应设置过分纯正的功能区域,当功能分区既突出主导功能又具有综合功能时才有生命力。新理论的提出虽完善了城市功能分区的规划,但也对如何具体区分城市功能区域带来新的挑战。

在此基础上,近年来国外的研究一方面侧重于如何识别具体的城市功能分区以及通过不同类型的技术手段对城市功能按照不同标准的空间进行划分,另一方面则集中于讨论城市功能分区与空间结构及经济活动间的关联。前者主要基于诸如 POI(Hu & Han,2019)、社交网络(Janowicz et al.,2017)、LAT(Yuan et al.,2014)等新型地理大数据,结合 LDA 等主体模型来精细化识别和划分城市的功能空间与区域,并在此基础上运用聚类分析等技术手段测度相应功能空间的经济活动密度;后者主要基于传统的空间经济地理模型,引入功能分区的定义与内涵,通过构建具体区域内的功能区域空间模型为了解与分析城市功能区域与经济活动的关联提供方法借鉴和理论基础(Jones,2017)。

我国对城市功能分区的研究主要从城市土地的合理开发利用入手,其研究内容主要集中在功能类型的划分和功能区与城市空间结构的关系方面(秦萧等,2013;钮心毅等,2014)。史玉峰、王艳(2006)认为,由于空间对象本质上具有地理位置和属性特征双重特性,因此在城市功能区划分时需将地理位置和属性特征结合起来,以实现对象的空间邻近性和属性相似性的统一。刘欣葵、彭文英(2010)提出,城市功能分区并不意味着机械地、绝对地划分城市用地,功能分区既要突出主导功能,又要具有综合功能,两者相互依托、互联支持才能有效发挥城市功能分区的良好机能。杨振山、苏锦华等(2021)在智慧化、精细化城市管理和建设需求增加的背景下,从时间、空间和属性等不同维度对城市功能区的构成与特征进行了深度分析。

三、城市功能的空间分布研究

城市空间作为城市功能的地理承载，是城市政治、经济、社会要素的有机结合。城市功能的空间分布，指的是在城市空间结构的基础上，所构成的城市内部的功能分区，以及各功能分区间的相互关系（陈柳钦，2020）。国内有关城市功能的空间分布研究主要涉及以下三个方面（郭付友等，2015）。

第一，对城市功能空间的形成机制及演变动力进行了研究。这部分研究多关注城市的单一功能空间，如产业功能空间（申庆喜等，2016）、服务功能空间（张志斌等，2019）、经济功能空间（李小建、樊新生，2006；胡毅、张京祥，2010）、交通功能空间（胡鞍钢等，2009）、生态功能空间（卢奕帆等，2022；郝金连等，2021），强调产业功能是城市空间结构重组的关键力量（赵航，2011；徐维祥，2015）。相比之下京津冀城市群已经进入到一种新的城市职能发展阶段，从以梯度转移为主导转向以城市职能转换为主导（张贵，2014），打破人为设置的行政区划，实现经济圈和行政圈的有机结合，是实现京津冀地区协同发展的一条重要道路（周辰，2020）。部分研究涉及工业空间与其他单一空间的耦合关系（陈耀、周洪霞，2014；申庆喜等，2015），但并未涉及复合功能空间的耦合问题。苟爱萍等（2022）利用 POI 数据对城市复合功能空间的分布及驱动因素进行分析，发现城市功能空间分布表现出"中心城区多核分布、郊区多次中心环绕"的结构特征，且功能区热点区域的形成和演化是以人地关系为基础，区位条件、历史因素、人口迁移、产业结构转型升级以及政府政策等多种因素合力推动了城市功能空间分布的形成和演化。

第二，关注测度城市功能空间分工的方法。从实证研究的角度来看，除了使用区位指数（Krugman，1991）、分工指数（Ellison & Glaeser，1997）、企业集中度系数（Duranton & Overman，2005）、DO 指数、地区专业化系数等指标进行衡量外，迪朗东和普加（Duranton & Puga，2005）

还尝试利用城市功能专业化指数来科学地测量美国各城市功能专业化程度，赵勇和白永秀（2012）、齐讴歌和赵勇（2014）、赵勇和魏后凯（2015）、马燕坤（2016）等分别使用该方法对中国城市群的功能专业化水平进行了测度。随着大数据技术和新型测算方法的发展，对城市功能空间分工的测算研究有了新的进展（朴勋等，2020；庄敬宜等，2020；卢奕帆等，2022），阚长城等（2020）基于时空大数据对北京城市功能的空间布局进行了评估，指出城市功能混合的普遍现象，且空间区位和城市中心结构对其有显著影响。

第三，深化城市功能空间的内涵。陆大道（2009）指出，地区中心城市的功能主要是一国或区域的金融中心，是交通运输和通信枢纽以及人才聚集之地，也是通往国际市场最便利的门户，而处于中心城市边缘的其他城市则应集中发展制造业和仓储等行业，一般中等城市则主要发展制造业，而中小城镇侧重于发展一般制造和零件制造。安树伟（2010）认为，大都市区要集中控制总部、研发、营销环节，而加工制造业则要向近远郊区及周围地区集中，其中，中型城镇主要发展工业，小型城镇侧重于基础工业和配件工业。针对京津冀城市功能空间的研究主要有以下三类（郑敏睿等，2022）：（1）从京津冀城市群城市功能之间的分工和互补情况进行研究（侯杰、张海清，2020），发现京津冀都市圈还没有真正形成错位发展、功能互补、多中心协作的空间分工模式；（2）从城市功能体系的角度研究（方创琳等，2020），发现京津冀城市群内各个城市之间的联系虽日益紧密，但是城市系统中还存在某些节点城市的缺位，基础结构还需要进一步加强；（3）对京津冀城市功能发展的战略做定性讨论（陆大道，2015），认为京津冀城市群应成为国际城市群的关键节点以及全球范围内的重要城市群之一，其内部空间需进行重构与融合，雄安新区的建立将会对京津冀都市圈的职能转变发挥长期效应。

四、城市功能优化研究

孙志刚（1998）认为，城市功能的优化，是指在一定的范围内，根据社会经济发展的需求和规律，通过调整原有的城市功能结构和城市功能运行方式，使城市在现有的社会经济技术和资源条件下达到更高的经济功能效益。

针对城市功能优化的早期研究主要起源于国外学者对城市发展和随之而来的"大城市病"的深入思考。国外学者倾向于从城市内部社会发展和产业变迁的视角来强调城市功能优化的重要价值，如库奇（Couch，2006）和吉利（Gilli，2009）等提议借由就业再分配与产业结构升级，来逐步优化利物浦和巴黎的城市功能空间布局，从而控制城市空间的无序扩张，进一步起到缓解城市空间过度拥挤带来的资源短缺以及发展质量下滑的作用。赛沃洛（Cervero，1996）、卡青格（Cutsinger，2006）、莱斯特（Lester，2013）认为，能够借助新的土地利用格局设计和城市工业用地转化来做到城市功能空间的拓展；吉特坎拉尔（Yigitcanlar，2008）和波尔曼斯（Poelmans，2010）分别构建了公共交通的可达性模型、环境支持模型和城市扩展模型，以此来解决城市发展与城市功能之间的不平衡问题。

国内关于城市功能优化的研究兴起于改革开放后对于解决城市快速发展与功能失调的现实需求。罗震东和张京祥（2002）指出，可以从三个方面来考虑城市功能的加强。首先，城市功能的强化是指随着城市的发展，城市的功能不断增强，并包括由于新技术应用而产生的新城市功能。其次，城市功能的关系结构发生变化，城市功能的形成和发展要素也发生了改变。随着时间的推移，关系结构不断变化，这种变化描述了城市功能组成要素之间关系的变化，从而增强了城市功能。另外，城市功能空间结构也在发生变化，这种变化反映了城市功能系统内各功能区在空间上的变化。王书汉（2006）提出，城市需要遵循特定原则来优化其功能。在进行功能优化时，城市应具备长期发展的眼光，并在立足自身发展的现实基础上，实行分片、分级开发，并阶段性推进。不仅要关注发展的状态和目标，还要注重其持续性和未来的发展潜力。此外，城市还应与区域甚至国家进行合作，以实现功能优化的整体性和协同性。

侯学钢（1997）针对上海市功能优化研究指出，城市功能的转变必然服从于城市经济结构的发展趋势，因此相应的功能需要针对城市内的产业和人口分布进行相应的优化与调整。沈金华、曾翔旻（2007）提出，实现城市功能的转型可采取特色功能主导型、功能互补分工型和功能提升型三种模式。肖玮、林承亮（2010）认为，城市功能的优化离不开外界环境即城市功能支持体系，包括城市基础设施等硬件体系以及与城市发展相关的政策、正式和非正式制度、理念及文化等软件体系。刘欣葵、彭文英（2010）提出，城市功能优化转型的动力机制既有市场力量、政府力量，也包括社会力量。其中城市产业结构的优化和升级对于推进城市功能转变具有十分重要的意义，正确处理主导产业和其他产业的关系是城市功能优化的关键（陈柳钦，2020）。在此基础上，针对单一城市功能优化的研究方兴未艾，包括城市的生产功能（韩勇等，2016）、生态功能（王蕾等，2006）、公共服务功能（王芳等，2018）等。

随着城市的蔓延与城市边界的日趋模糊，国内学者开始由单个城市功能优化（侯学钢，1997；郭虹斌等，2010；朱媛媛等，2013；王斌等，2019；彭瑶玲等，2020）向城市群功能空间优化转变（郭荣朝，2011；杨开忠，2015；张可云，2015；文魁，2017；孙久文，2018）。以京津冀城市群为视角的研究认为，北京城市功能战略定位在国内国际双循环格局中具有特殊节点作用，围绕疏解非首都功能、优化首都核心功能、京津冀协同发展等方面的首都功能优化为构建新发展格局提供重要渠道。抓住首都功能优化的战略契机，发挥首都功能作用需要在推动城市间主体、空间、要素和机制等方面积极探索，形成协同创新的市场循环体系（张丽，2022）。郑敏睿等（2022）通过构建城市群功能互动模型揭示了京津冀城市群功能互动的格局特征，并提出相应的提升策略，研究指出互动功能的优化需要考虑跨区域的协同政策。

五、城市功能能级提升研究

城市功能能级的研究是在城市能级的理论基础上逐渐演化而来的。

城市能级的研究起源于弗里德曼（Friedman）。弗里德曼认为一个城市的能级水平是一种横向对比的结果，它体现了城市在全球城市网络层级之间所处的位置。他将 30 个城市按其在世界经济与空间系统中所扮演的角色划分为四个等级。弗里德曼所提出的城市网络能级结构，其重点在于城市节点的权重和规模，其背后所隐含的意义是：连接程度的强弱，很大程度上决定了各城市的层级和功能。从这个意义上说，一个城市与外部的联系与协同程度可以直观地反映出一个该城市的能级层次，并决定其在世界城市网络中的地位。这也符合城市的能级水平主要取决于城市规模和经济实力的传统理论观点。

在此基础上，国内学者从城市功能入手，将城市能级看作城市功能的体现。施祖辉（1997）和孙志刚（1998）最早将"能级"引入到城市功能的研究中，并初步提出城市能级是指一个城市的某种功能或各种功能对该城市以外地区的辐射影响程度，这主要体现在经济功能、创新功能、服务功能三个方面。周振华（2005）认为，提升城市的能级水平需要充分考虑城市的历史背景与国家的战略背景，并在对城市能级与现代服务业间关系的进一步研究中发现，以城市服务功能为核心的城市能级水平依赖于城市与外部经济体的协调度和连通性。

基于空间优化视角的城市能级研究认为，城市能级反映了城市经济的集聚—扩散能力和对区域经济发展的推动能力。韩玉刚等（2010）探索了一种构建城市能级评价模型的方法，通过运用熵值法确定城市的经济能级、潜力能级以及支撑能级三个方面的指标权重，并据此对安徽江淮城市群内的城市能级的空间变化特征和发展趋势进行了科学分析。类似构建指标体系来测算城市能级的研究同样被应用于长江经济带核心城市（方大春、孙明月，2015）、京津冀城市群（陆相林等，2018）、环渤海城市群（赵全超等，2006）。

基于此，学者们纷纷从不同的视角探究城市能级提升的制约因素和突破路径。李江龙（2007）指出，服务业的崛起和城市化都是现代经济发展过程中工业化阶段的产物，服务业发展与城市化既互为因果，同时也相互补充，从而推动城市的发展与能级的稳步提升。姚永玲和唐彦哲（2015）认为，城市群的中心度和控制力是影响功能能级提升的关键因素，进一步优化城市功能间的资源分配和调节能力有助于构建更合理的城市内部结构。熊励与孙文灿（2016）发现技术、资金和人才等新型创新要素的流动对城市能级的提升有驱动作用。创新要素在世界范围内的流通与集聚，既能提高国际影响，又能推动资源配置、科技创新、人才集聚，加强专业服务、文化交流、管理等各项职能，对于提高城市的能级水平起着重要的推动作用。金永亮（2012）针对广州市的研究认为产城融合，即现代服务业与城市发展的高度融合，是推动城市化进程与城市能级提高的原动力；以成都市为对象的研究发现科技创新兼顾政府绩效评估机制的转型是提升城市能级与核心竞争力的关键路径（孙超英、邹炀，2020），更普遍的，方创琳（2018）提出城市能级的提升要从科技创新、生态资本、开放合作、协同联动以及发展智慧产业五个方面共同发力。

六、研究述评

既有文献在城市功能的内涵与外延、城市功能分区、单一和复合城市功能的空间分布以及城市功能的优化与能级提升等研究领域硕果颇丰，为本研究提供了丰富的理论基础和研究视域借鉴，但涉及城市功能空间分布的优化领域，还有一定的提升空间，且相关研究在多城市协调发展以及城市群内功能协作分区上也是鲜有讨论，在研究如何提升区域内城市群间的协调互补性功能能级方面仍留较大空白。

具体而言，在本研究的核心关注问题上，上述文献仍存以下不足之处：第一，功能空间的研究体系不够完善，多将功能与空间割裂开来，强调空间布局，忽略功能结构的研究；第二，研究内容多为产业、交通、经济等单一功能，缺乏对功能空间整体系统及系统耦合机制、演化趋势的研究；第三，城市功能能级的提升，研究尺度主要聚焦于长三角、珠三角等城市群以及上海、北京等世界城市，缺乏对城市群内小区域空间单元的关注，削弱了政策的适用性。

基于此，本研究聚焦环京津核心功能区，研究范畴从产业、交通、经济等单一功能的现状描述转向对生产、生活、生态等复合功能在城市空间内分布的动因分析，研究目标转向省域尺度内小区域空间单元的城市功能优化与能级提升的政策设计和实现路径。力求通过构建"生产功能—生活功能—生态功能"的城市功能体系，绘制世界级城市群规格下"环京津核心功能区"功能图谱与能级仿真模型，从而提出环京津核心功能区城市功能优化的方向与能级提升的实现路径，既对深化区域协调发展理论具有重要的学术价值，同时也为探索解决其他功能区"功能空间优化"的困境提供一种新模式，有效回应了打造京津一体化发展先行区、调整优化京津冀城市布局和空间结构的政策诉求，具有独到的应用价值。

第二节 理论建构

一、核心—边缘理论

核心—边缘理论是基于阿根廷经济学家普雷维什于1949年发表的《拉丁美洲的经济发展及其主要问题》中提出的"中心—外围理论"产生的。19世纪中期，普雷维什通过"中心—外围理论"详细阐述了国际贸易体系中西方资本主义国家与发展中国家对立的国际分工格局。1966年，美国地理学家弗里德曼在其学术著作《区域发展政策》中将"中心—外围理论"引入区域经济学中，并在此基础上提出了解释区域空间演变模式的"核心—边缘理论"。这一理论的目的在于说明各地区是怎样从相互独立的孤立发展到相互联系和不平衡发展，最终发展到相互联系和均衡发展的。

弗里德曼将发展视为一个非连续性的累积过程，在这个非连续性的累积中，各个基础的创新群体最后会汇聚到一个大型的创新体系中，而一个快速成长的大型城市体系，往往具有促进创新行为的各种因素。核心区为区域社会结构中的一个子区域，其空间结构中的"边界"取决于其所在区域的从属地位。核心区和边缘区构成了一个整体的生态环境体系，而在生态环境体系中，以核心区为主导。在一个地区的发展过程中，核心区通过供给系统、市场系统和行政系统等方式，将自己的周边依附区进行组织，并将创新成果向其所支配的周边区进行扩散。在此过程中，核心区会逐步实现自身的不断增强，并推动相应的空间系统不断成长，而在此过程中，各区域以及各区域间的信息交换不断增强，其创新能力也会不断突破某一特定的空间承载能力。随着核心区的不断扩大，外围区势力不断加强，外围区又不断涌现出新的核心区。

核心区与边缘区之间的经济空间关系是不平衡的，其差异性体现在不同的发展阶段。在前工业化时期，地区的经济发展水平较低，农业占主导地位。区域间的经济联系不密切，区域内的地区基本都是自给自足，相互隔离，小城镇的形成与发展缓慢，每一个城镇都是一个独立的经济体。在早期的工业化过程中，由于社会分工的深入发展，生产的发展和商品的交换变得更加频繁，一些地理位置优越、资源丰富或交通便利的地区逐步成为中心，同时，周边地区的资源、人力和资本等要素也在向中心集中，中心的范围也在扩大，中心与周边的发展越来越不平衡。在工业化的成熟期，中心地区得到了非常快速的发展，加强了中心—边缘区的控制和依赖性，核心与边缘地区发展不平衡加剧，核心区域与边缘区域在权利分配、资金流动、技术创新、人口流动方面的矛盾越来越紧张，并导致边缘地区内开始出现新的规模较小的核心，这些外围区域，将会被纳入一个或者多个中心区域的范围之内。由周边区域衍生出来的次级中心在区域上不断发展，当其发展到与原有的次级中心相近时，两者之间趋于平衡；所有地区都成为了一个在职能上互相依存的城镇系统，并开始了相互依赖的均衡发展。"核心—边缘理论"普遍适用于解释区际或城乡之间由于生产要素在空间分布和集聚不均等导致的差异化发展过程，与京津冀间城乡差异、产业间不平衡的背景十分切合。但是弗里德曼对"核心"与"边缘"没有明确的界定，只是形成一种相对的概念，且该理论较少关注区域经济发展中的制度因素和社会文化因素，忽视了知识溢出的外部性。

二、城市规模—等级结构理论

城市规模—等级结构是指在一国或一地区，以层级（等级）为单位的城市人口数量的分布格局。该理论认为城市规模是城市非常重要的一种综合性特点，其往往体现城市体系的等级性和层次性。具体而言，该理论由城市首位律、城市"金字塔"及位序—规模法则三个部分构成。

（一）城市首位律

"城市首位律"最早是由马克·杰斐逊于1939年提出的，它是一种关于各国城市规模分布规律的总结。杰斐逊通过对51个国家的数据进行统计，得出世界上排名在第一、第二、第三梯队之间的城市的大小与比例，结果显示，28个国家的最大城市的人数远超第二梯队城市的总人口数量，18个国家的人口数超过更是达到了下一梯队规模的2~3倍。他把最大的城市界定为"第一位城市"，也称首位城市，也就是与"第二位"的城市之间有很大的规模差异，它吸纳了一个国家相当一部分的城镇居民，并且在这个国家的政治、经济和社会中占有重要地位，是一座在物质文明和精神财富上具有显著优越性的城市。

杰斐逊在对世界各国的对比研究中指出，尽管各国的城市之间存在着显著的差异，但其在大小上存在着一些共性，那就是一国的"首位城市"往往要远远大于次要的城市，而且，首位城市往往代表着一国或文化民族的智慧与精神，且在全国范围内具有特殊的影响力。这一规律被称为"城市首位律"。

杰斐逊的"首位城市"这一理念在近代都市地理学研究中具有相当

的普适性，并得到了广泛的应用。在现实生活中，我们经常使用一定地区内最大城市和第二位城市人口的比值来作为城市首位度，也被叫作二城市指数，它是一种衡量地区内城市规模分布状况的一种常见的指标，首位度对比了相对城市的规模分布，也被我们称为首位分布。

（二）城市"金字塔"

城市"金字塔"是指把一国或一地区的城市按照其规模的大小进行分类，就会出现一个一般规律，也就是城市的规模往往与相对规模的城市数量成反比，随着城市级别的降低，城镇的数目也随之增加。特别是一个国家通常会有一些规模极大的城市承担起这个国家的关键产品的制造与提供。就地理位置而言，这些城市倾向于地处全国人口密集区域，而周边则是几个较小型的城镇，这些城镇既拥有较低的人口，又拥有较低水平的商品和服务供给。按照相同的道理，这样的小型城市将会被小型卫星城包围。根据这一理论，一个国家的大的城镇比中等的城镇要少，中等的城镇比小的城镇要少；随着城镇的不断扩大，城镇的数目将逐渐减少，城镇之间呈现出一种"等级体系"式的空间分布格局。

基于上述规律，必须着重指出，在不同的尺度下，城市的数目会发生不同程度的改变。各大城镇的人口总量分布没有表现出"头轻脚重"的变化趋势。"金字塔分布理论"为研究都市尺度的空间分布问题提供了一个简单的思路。对不同国家、不同省区、不同时期的城市规模等级系统进行比较研究，可以看出其特点、变化趋势以及存在的问题。

戴维斯（K. Davis）在对城市金字塔的大小级别界限进行了标准化之后，对其进行了分析，他认为，如果将城市的大小按倍数来划分（如10 万～20 万、20 万～40 万、40 万～80 万……），那么世界城市的发展大致是普遍遵循了不同的规模级别特性，并且相应规模的城市数量会随着规模级别的减少而呈几何倍数增长。

（三）位序—规模法则

对于一个城市的规模和该城市在该国家所有城市按人口规模排序中

的位序的关系所存在的规律称为位序—规模法则。1913 年，奥尔巴克（F. Auerbach）对 5 个欧洲国家及美国的城市数据进行了统计，结果表明：一个国家的城市，其人口数与其根据总人数的排序次序呈一定的相反关系。这一规律经罗特卡（A. J. Lotka）、辛格（H. W. Singer）以及齐普夫（G. K. Zipf）的研究发展后逐渐成熟，该法则提出：在一国中，排名第二位城市人口数量占第一大城市的 1/2，排名第三位城市人口数量占第一大城市的 1/3，如此等等。当用一个双对数坐标系来描绘这种位次—人口分布的图形点时，它就变成了一条直线。如果一个国家的首位城市人口占比很高，那么该国的城市数量分布就会出现很大的偏差，因为中等规模的城市数量偏低，而小型城市却有很多。

从总体上看，当各城镇的等级与其人口数量之间存在着较强的相关性时，城镇的数量与其人口数量分布就处于一个较为理想的状态。当该相关系数值大于 1 时，表明其城市规模的分布较为集中，其中大都市的发展较为明显，而中小城镇的发展较为不成熟，城市首位度处于不平衡的发展阶段。当相关系数低于 1 时，表明该地区的人口分布较为散乱，处于不同级别的城市中排名靠前的城市发展优势并不明显；相比之下，中小型城市的发展就相对平稳。

三、中心地理论

德国城市地理学者克里斯塔勒（W. Christaller）于 1933 年首次提出了"中心地"（Central Discovery）理论，是 20 世纪人类地理领域的重大发现，也是近代以来西方地理学发展的基石。"中心地"说是关于各个中心地在某一地区的空间位置和相对大小的学说。在这一理论中，一个城市最根本的职能就是为周边区域提供产品与服务。最关键的中心区并不需要容纳最多的居民，但它必须是运输系统最关键的区域，能够提供最多的货物和服务。

克里斯塔勒认为，一个地区的中心地在功能、规模和空间形式上都存在着某种规律，其空间形式受市场、交通和行政等三大要素的作用，从而彼此间会表现出一些差异。中心地是由特定的地域构成的，而不同地域的服务业（腹地）所代表的中心地在规模上又是差异甚远的，各种大小的地类组成了一系列的阶次。城市系统的特殊空间布局受制于城市的功能性特征。核心区域的层次是指核心区域的产品、服务水平及其相应的种类。但中心地的数目及空间位置与其地位的高低成反比，其所能覆盖的区域也与其地位有关，某一地位的中央地不但能为其提供对应地位的产品和服务，也能为其提供更低级别的产品和业务。另外，其等级还体现在：每一个较高等级的中心地又依附于若干较低等级的中心地，构成了一个较高等级的中心地系统。

一个区域的中心化可以被认为是该区域对于其周边区域所具有的相对重要性之和。简言之，就是中央地区所能发挥的主要功能的大小。由于多数小城市具有多种用途，因此，人们通常不以小城市的人口数量作为衡量其中心化程度的指标，因为人口指标不能简单反映一个城市的功能与其他特征。另外，克里斯塔勒相信，在一个中央地带，每个商品和业务都会有自己不同的业务范畴。这个范围的极限，就是一个人想要从其中一个中心获得商品和服务的最大限度。克里斯塔勒提出了"市场原则""运输原则""管理原则"这三种原则决定了"中间地系统"的构成。中心地的网络化在各种原理的指导下表现出了不同的形态，并且对其规模与规模的排序也有了明确的要求，也就是根据"中心地"的水平，将其划分为严密的序列。中心地学说已被广泛运用于城市系统生态演化的分析过程中。

在此基础上，德国著名经济学家奥古斯特·廖什（A. Losch）以微观经济学的视角对中心地理论进行了重新审视。他认为，在一个以大城市为核心城市的单一城市市场逐步发展的过程中，会伴随产生多个市场的网络，如果将其相互叠加，就会在一个地区的尺度上产生具有差异性的经济交集点，这就是城市的经济圈模式。在此基础上，贝里和加里森对中心地理论进行了一定程度上的优化与完善，包括增补了中心地学说的假设，如消费者的支出是均匀分布的，在自由竞争的市场体系下，人口密度越高，地区的消费潜力就越大，相应的中心地体系中潜在的层次数量也就越多。

中心地理论在分析城市群空间结构和功能定位中有重要的指导意义，一个发展稳定的城市群落应当由中心城市和诸多不同规模与等级的卫星城组成，不同规模等级的城市所具有的职能不同，因此定位就有所差别。

四、新经济地理学理论

新经济地理学理论是把主流经济学经常忽略的空间结构纳入均衡经济市场的分析框架中，借由挖掘经济活动在空间上的分布结构与规律，解释现实中存在的不同规模、不同形式生产的空间集聚与分散现象，并通过解析其中的规律来深入探寻经济增长的长期均衡途径。1991 年，克鲁格曼基于迪克西特·斯蒂格利茨的垄断竞争模型框架首次提出了新经济地理学理论框架。该理论框架的核心是通过建立"中心—外围"地理经济数理模型确立制造业的核心区位以及农业的外围区位。克鲁格曼认为，交通的便利直接影响企业生产的运输成本，而地区间的交通运输成本会对制造业在中心地区的集聚及稳定性产生影响：交通运输成本提高会导致企业空间扩散，不易形成产业发展的规模经济；交通运输成本降低可以促进区域形成行业的地理集中，集聚经济迅速发展，逐步形成规模效益与地区垄断竞争优势，为区域经济发展带来集聚经济、规模经济和外部性。

工业发展的非均衡性表现为"报酬递增"效应。在"中心—外围"模式中，制造业区域位于中间，而农业区域位于边缘，其位置依赖于规模经济与运输成本的交互作用。在工业产出呈现收入增长特征，而农业产出的规模收入保持不变的情况下，工业产出会呈现出一种空间聚集的趋势。在资源不能流动的前提下，产品总会向最大市场集中，使得企业的运输费用最少，收益递增。在区域内，该区域的产业集聚是由区域市场效应、价格指数效应和市场拥堵效应共同决定的。

基于"新经济地理"理论的研究成果,"规模报酬递增"理论也可以用于揭示城市发展和扩展的理论研究。克鲁格曼对人、财、物等要素在城市中的集聚进行了分析,认为人口、财富、资源等要素的集聚是城市的必然选择,而企业之所以集聚是因为城市具有更大的市场,是因为城市具有更高的收入水平和更丰富的产品种类。在新经济地理学的研究中,空间聚集是城市产生、扩张、发展的根本原因。

在此基础上,又有许多学者进一步完善了新经济地理理论框架。库姆斯等(Combes et al., 2005)提出了一个粗糙的理论框架,将城市经济学与新经济地理相结合,并对不同外部因素的经济效应进行了实证研究。施泰丁格(Stelder, 2005)对欧洲新经济地理模式进行了拓展,并在此基础上对其进行了研究。帕特里奇等(Partridge et al., 2007)从空间集聚的角度对美国与加拿大两国城市发展方式的不同进行了分析。从总体上讲,无论是新经济地理,还是新古典经济理论,都能从一个全新的角度来解释经济活动的空间集聚。因此,只要区域间的交易费用不大,就有可能形成产业集聚。然而,新地理学与传统的新地理学在研究经济集聚的方法以及对集聚形成的具体动因等方面都有根本性的不同。具体而言,以克鲁格曼为代表的新地理学学者,将经济集聚视为研究的目标,并以"垄断—竞争"模型为理论基础,从"地方市场"和"物价指数"两个方面对经济集聚的成因进行了解释;同时,也为对经济行为进行空间化的研究提供了一个标准的、符合主流经济学的分析框架。

五、城市功能分区理论

(一)现代城市功能分区理论

现代的城市功能区理论,也就是所谓的"城市规划学",是 20 世纪初期才建立起来的一门学科。在这一时期,英国埃比尼泽·霍华德(Ebenezer Howard)提出了"田园城市"概念,其突出的是分散化的城市规划理念。在法国，勒·柯布西耶（Le Corbusier）提出了一种通过现代工业技术来加强城市集中化的规划理念。芬兰伊利尔·沙里宁（Eliel Saarinen）提出了"顺应城市发展规律，实施有组织的疏散"的城市规划理念。

1989 年，埃比尼泽·霍华德将"田园城市"作为他的规划理念的核心，并将其汇总到了著作《明日：一条通向真正改革的和平道路》（*Tomorrow：a Peaceful Path to Real Reform*）之中。其中提到，从物质性上看，乡村城镇人口虽少，却能为人们提供丰富的社交活动，并被固定的农业区所环绕；城镇土地被公有化，在需要的情况下，多个乡村城镇可以合并，形成一个城乡融合的群体性社会城镇。

柯布西耶为了解决在城市开发过程中所面临的两难问题，提出了"城市集中理论"。他认为，要想解决大都市的问题，必须对大都市进行彻底的改造，其方法是采用先进的工程学方法，以降低用地面积、增加人口密度、改善生态环境。1931 年，柯布西耶提出了一种将城市划分为多个具有不同功能的平行分区的"阳光城市"规划模式。在他看来，城市只有高度集中化，才能保持活力，而人口密集所造成的都市问题，则可以利用科技手段加以解决。柯布西耶对近代城市规划学中的某些基本论述进行了集中的总结，并在此基础上逐渐发展为一种"理性主义"的城市规划学。

沙里宁于 1942 年发表的《城市：它的发展、衰败与未来》（*City：Its Growth，Its Decay，Its Future*）一文中，详尽地阐述了"有组织的疏离"的原理，他认为：卫星城市是解决大城市问题的一个切实可行的办法，但是，这个目标并不需要从外部去建立新的城市，而大城市也可以通过自身的方向性发展，将它有机地疏离开来，同样可以达到这个目标。城市同自然界的一切生命一样，都是一个有机体，城市建筑的基本原理也是这样，城市发展的原理是由其本身的生物学演变而来的。城市是一个有机体，它的发展是一个长期的过程，成长和衰落是不可避免的两个趋势，应重新组织城市功能，实施有机疏散，使城市得以健康持续地成长，保持城市的活力。

（二）新城市主义理论

新城市主义是一种新的城市设计思潮，它是在城市向郊区扩张、社区逐渐瓦解的情况下提出的。该研究主张借鉴第二次世界大战之前美国的小城镇与相应规划的优良传统，以彼得·卡尔索普（Peter Calthorpe）为代表，以城市为中心，构建一种有城市生活气息的紧凑社区，而不是一种分散的城郊社区。

针对大都市边缘地带因城市近郊扩张而被吞并的农地与天然开放空间、人们对小汽车的依赖性与日俱增、日益严重的资源与环境约束问题，以及城乡发展失衡、税收流失、民族隔离等问题，新城市主义为实现城市内的公共交通通勤效率，从宏观的角度对城市的发展模式进行优化，提出了"公交为导向的发展单元"的发展模式。但是，随着"城郊化"的兴起，一系列新的城市问题也随之产生，如环境恶化、土地利用密度过低、中心城区的衰落等，使得"城郊"的发展呈现出一种无序的状态。因此，人们对以往的城郊城镇化模式、城区无序扩张等问题进行了深刻思考，并提出了不少积极的改革建议。20 世纪 90 年代，"新都市主义"倡导以"重回中心"为发展目标，同时倡导以"融合"为特征的新社区，并将其推向"亲和力""相对密集"的社会性分布导向。

21 世纪以来，我国城市化进程通过区域整合，实现资源与要素的优化配置，推动地区城市迈向国际化，从而使地区发展步入"新城市"时代。从对中心城区的避让和制约，到对中心城区的开发，再到对中心城区的开发，我们都有了新的认识。这一思想正好与新经济背景下的"新城市主义"理论不谋而合，它提倡在大都会区域内重建已有的城市中心，限制城市空间的扩张，建立多元的社区，并对传统文化进行保护。新城市主义主张以一种紧密而又相辅相成的物质空间为基础，以维护城市的经济活力、社会的稳定与环境的健康，主张通过重构公共政策与开发模式，以支撑新的开发理念。新城市主义理论提出了在区域城市整合进程中，如何正确地处理好核心和边缘区之间的关系，并提出了相应的对策。新城市主义关于城市发展的思想，可以为我国在城市化进程中，城市中心与边缘区之间的关系重新构建提供有益的启示。

（三）精明增长理论

在美国环境保护局领导下，并在许多部门的协助下，美国于 1996 年成立了一个都市精明增长网络。1990 年左右，美国计划委员会（American Programming Commission）组织并执行了《精明增长指南》（*The Smart Growth Manual*）。美国自然保育学会于 1997 年发表的《精明增长方法》（*The Smart Growth Method*）中指出，建议在发展方式上，以加强对土地的集约化利用与综合利用为主，并建立高密度的公共交通体系。在同一年，美国马兰州市通过一项法案（*Smart Development Act*），保证由州政府出资对该地区的基础设施进行改建，并通过税收减免，激励公司在附近建造住宅，从而促进对未利用的土地进行二次利用。美国"创新成长同盟"于 2000 年提出"智慧成长"概念，并根据其实际情况，定义了"智慧成长"的基本概念：最大限度地发挥城市现有的土地优势，抑制其过度发展。对已有居民区进行改造，使未利用的产业土地得到二次利用，以节省新建的基建及公用设施投资。通过增加城镇用地的开发容量，促进城镇居住和工作配套的"组团"发展，减少城镇人口的居住、生产费用。

美国计划学会将智慧发展归结于七个基本要素：一是尽量充分发挥已有的基本功能，使其与周围环境紧密相连，并防止"蛙跳式"发展；二是要爱护天然的生态资源，让市民可以更容易地进入绿地，而且要避免对环境的损害；三是在规划上，将用地整合，缩减单一的功能区域，采取小规模、高密度的模式，方便市民行走及搭乘大众运输工具；四是加强大众运输，限制私人小轿车的数量，提倡以脚踏车和其他节能、环保的方式出行；五是注重功能、注重质量、注重运营效益、注重利用自然之道，以"绿"代替"灰"；六是对历史与人文的尊重与保存，赋予其"非再生"的特色；七是要确保所有人都能够公平地共享发展的结果，减少社会群体之间的差异，让社会上的各个阶层的人能够共同生活在一起。

综上所述，精明增长发展模式是一种在提高土地利用效率的基础上控制城市扩张、遏制城市蔓延、进行城市更新、优先选择使用棕地用以存量开发或再开发用途、保护生态环境、服务于经济发展、促进城乡协调发展和人们生活质量提高的发展模式。

| 第二章 |

城市功能与城市能级的解析

明确环京津核心功能区的空间界定和重要节点的功能定位是优化相应城市功能建设与能级提升的首要前提。依托既有对城市功能内涵与相应基础理论的研究，本章在明确环京津核心功能区战略意义及功能定位的基础上，围绕环京津核心功能区的三个主要节点区域功能建设的现实状况和特征进行描述与分析，同时针对其与环京津核心功能区相应的发展目标和功能定位间的现实差距与问题进行系统性辨析，从而为后续的模型架构与实证检验提供现实依据。

第一节 环京津核心功能区城市功能解析

一、战略意义

2014 年 2 月 26 日，习近平总书记在北京主持召开京津冀协同发展座谈会，会议首次提出将京津冀协同发展上升为国家重大战略。① 次年4 月，中央政治局会议审议通过《京津冀协同发展规划纲要》（以下简称

---

① 习近平解题"京津冀一体化"［EB/OL］．（2027 – 02 – 24）［2023 – 05 – 21］．http：// news. cnr. cn/native/gd/20170224/t20170224_523619867. shtml.

《纲要》），《纲要》中指出，推动京津冀协同发展是重大国家战略，核心是有序疏解北京非首都功能，要在京津冀交通一体化、生态环境保护、产业升级转移等重点领域率先取得突破。京津冀协同发展将以"一核、双城、三轴、四区、多节点"为骨架进行空间布局，构建以重要城市为支点，以战略性功能区平台为载体，以交通干线、生态廊道为纽带的网络型空间格局。其中，"四区"分别指中部核心功能区、东部滨海发展区、南部功能拓展区和西北部生态涵养区，每个功能区都有明确的空间范围和发展重点。

在此基础上，2019 年，河北省委、省政府印发的《关于贯彻落实建立更加有效的区域协调发展新机制的实施方案》（以下简称《方案》）首次提出以环京津核心功能区为首的四大战略功能区。《方案》中明确提到，在加快省内区域协调发展方面，要重点打造四大战略功能区，即环京津核心功能区（包括保定市、廊坊市、雄安新区）、沿海率先发展区（包括秦皇岛市、唐山市、沧州市）、冀中南功能拓展区（包括石家庄市、邯郸市、邢台市、衡水市）和冀西北生态涵养区（包括张家口市、承德和燕山、太行山）。《纲要》与《方案》的提出，为推动京津冀协同发展、加快河北省内区域协调发展、加强国际国内区域合作互动、打造世界级城市群提供了行动指南。

环京津核心功能区是承接非首都功能疏解、打造世界级城市群、贯彻新发展理念的重要实践。环京津核心功能区的建设是深化京津冀重点领域合作，全面对接首都产业、生态、创新、金融等重点领域的关键探索。通过促进城乡要素自由流动、加快区域合作互动、提升基本公共服务保障能力、创新区域政策调控机制等重要部署，推动京津冀加速全面一体化建设，打造新的经济增长极，成为世界级的集产业、创新、生态等多功能一体的城市群。

环京津核心功能区是对党中央、国务院关于新型城市化发展战略以及高质量发展理念的深入落实。《纲要》和《方案》中指出，要健全服务均等化、市场一体化、生态补偿多元化等重要发展机制，这要求环京津核心功能区的建设需要顺应城市发展趋势，补齐短板弱项、增强综合承载能力、推进产业配套设置提质增效，不断完善平台、商贸、消费等基础设施，以提高居民生活水平为基本前提，全面推进区域一体化的高质量发展和新型城市化发展。

环京津核心功能区是建设国家新增长极、推动省内外协调发展的重要战略载体，具有深远的现实意义。环京津核心功能区作为京津冀协同发展的战略支点，肩负着重要的经济发展和功能建设辐射作用，以保定市、廊坊市、雄安新区为重要节点，以承接高质量非首都功能为重要机遇，打造以创新为首要动力的区域内增长极，进而在更广泛的战略层面发挥重要的带动作用，促进京津冀协同发展，在高端产业、创新和高质量社会服务上走在全国前列。

二、环京津核心功能区主要功能介绍

《方案》中明确指出，环京津核心功能区主要包括保定市、廊坊市和雄安新区三个区域，指明"环京津核心功能区要重点抓好北京非首都功能疏解承接工作，加快北京大兴国际机场临空经济区、廊坊北三县等重点区域人口产业集聚发展，打造与京津一体化发展先行区"。因此，环京津核心功能区的主要功能既包括基础的城市发展功能，同时也应承担来自北京市的非首都功能。

基础城市功能是指保定市、廊坊市和雄安新区在承担疏解非首都功能之前，已经具备的主要城市功能和按照既定发展目标与发展趋势即将开发与形成的主要城市功能。具体包括城市生态功能、城市社会功能、城市经济功能和城市服务功能等，主要涵盖三个区域所承担的满足人们自身生存和发展需要的资源利用、生态涵养、社会关系、社会进步、经济发展、生产与生活型服务等方面的作用以及相应作用发挥所形成的效能。除去以上共同性功能之外，环京津核心功能区在历史、文化和交通等特色性功能上也存在一定的差异。具体而言，保定市因其较为浓厚的历史色彩和重要的地理位置，在城市文化功能和交通枢纽功能上具有比较优势；廊坊市作为连接北京和天津的重要走廊，在流通功能和开放功能上表现突出；雄安新区则在生态功能上具有一定优势。

除必需或即将承担的基础功能以外，环京津核心功能区还要承担疏解来自北京非首都功能的任务。非首都功能是指与"政治中心、文化中心、国际交往中心、科技创新中心"四个首都核心功能不相符的其他城市功能，主要涵盖高污染高能耗的生产性功能、劳动密集型和土地利用率低的服务性功能、不具备比较优势或专业化程度较低的社会和创新功能等，具体包括以下几点：（1）粗放型生产行业，尤指那些产能低、能耗高的非战略性行业，以及高端制造业中一些资本和劳动密集型的生产加工组装环节。（2）一些服务性产业，如区域专业市场，具体包括了物流基地、批发市场、第三产业中的呼叫中心、服务外包和医疗养老等劳动密集型产业，以及低土地利用率的产业，它们将大量的人口聚集起来，并为整个区域提供服务。（3）教育、医疗等一些公益事业的职能。其中包括教育机构中的非研究性或知识产出较低的部门，以及部分低利用率的优质医疗、福利、中介等社会公共服务功能。（4）部分行政事业性服务机构，如提供支持、服务和辅助作用的服务中心、信息中心、行业协会、各种研究院所、报社、出版社等。

随着人口迁移、产业承接和社会服务等功能的落地发展，环京津核心功能区相应的主体功能与特色功能需要和承接的非首都功能之间同步协调，在保留原有特色优势的基础上，根据承接地和功能来源的差异，有选择、有侧重地发展相应的承接功能，包括基础设施升级、生态治理完善、社会服务提质等（见图2-1）。

三、与中部核心功能区及其他功能区的辨析

（一）中部核心功能区—环京津核心功能区：更聚焦的功能政策单元

《纲要》中首次指出河北省保定市、廊坊市与北京市、天津市共同构

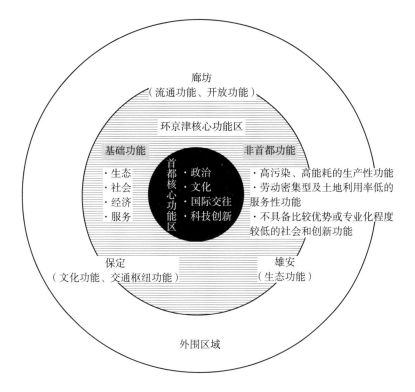

图 2 - 1　环京津核心功能区功能图谱

成中部核心功能区,重点承接北京市非首都功能的疏解,力争率先启动京津保地区联动发展。同时,在北京市总体规划中,京津冀城市群中部核心功能区包括保定市、雄安新区、天津市、廊坊市、唐山市、沧州市。

　　同样是为了重点承接北京市非首都功能的疏解,中部核心功能区和环京津核心功能区至少在战略目标、执行范围和功能定位三个方面有所区别。首先,中部核心功能区是从京津冀协同发展的国家战略高度规划的,是一项全国性的、跨越多个省域的协同发展方案,侧重于为发展目标提供战略支撑和顶层设计。在此基础上,河北省从战略落地的角度出发,划定了环京津核心功能区这一特定的战术政策单元,更有利于政策的制定、执行、反馈,是对更高质量承接北京非首都功能的进一步保障,也为更有效协调省内区域与省际区域间资源、人才的流通提供了政策支撑。其次,不同于中部核心功能区中的节点范围,环京津核心功能区中的节点限定为河北省内保定市、廊坊市和雄安新区三个区域，在地理区位上更为邻近，在政策沟通和协调上有着天然的优势，为更广义的中部核心功能区战略规划的实施提供了先行保障。最后，在北京市总体规划中，明确指出要推动京津冀区域建设，成为以首都为核心的世界级城市群，中部核心功能区应成为首都功能和非首都功能的集中承载区，而在河北省发布的《方案》中，环京津核心功能区被清晰定义为非首都功能的疏解区，原则上不包括北京的"四大"核心首都功能，在功能定位上更为清晰具体，是打造世界级城市群的重要战略支点。

（二）与其他三大功能区的辨析

《方案》中提到的"四区"分别是环京津核心功能区、沿海率先发展区、冀中南功能拓展区和冀西北部生态涵养区，每个功能区都有明确的空间范围和发展重点（见图 2 - 2）。

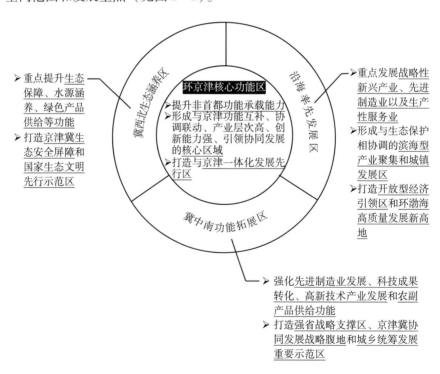

图 2 - 2　四大功能区功能图解

环京津核心功能区（包括保定市、廊坊市、雄安新区）着力提升非首都功能承载能力，通过加快北京大兴国际机场临空经济区、廊坊北三县等重点区域人口产业集聚发展，打造与京津一体化发展先行区，形成与京津功能互补、协调联动、产业层次高、创新能力强、引领协同发展的核心区域①。

沿海率先发展区（包括秦皇岛市、唐山市、沧州市）重点发展战略性新兴产业、先进制造业以及生产性服务业，推进沿海经济加快发展，构建高品质滨海城镇体系，加强港口间的贸易往来、园区间的协同合作，推动开放发展，加强要素、项目、产业的集聚，使沿海地区的产业集聚、城市的发展与生态保护紧密结合，将沿海地区建设成为全省开放型经济的先导区，加速推动环渤海地区高质量发展新高地的建设。

冀中南功能拓展区（包括石家庄市、邯郸市、邢台市、衡水市等核心城市），主攻智能制造业和先进制造业，加速推动科技成果的落地与转化，促进高新技术产业发展的同时兼顾强化农业产业化发展，提高农副产品的供给能力，打造强省战略支撑区、京津冀协同发展战略腹地和城乡统筹发展重要示范区。

冀西北生态涵养区（以张家口市、承德市，以及包含燕山、太行山的和河北北部生态涵养带的地区为主体），以提升生态保护、水源涵养以及绿色产品供给为重点目标，构建京津地区的生态安全屏障与全国生态文明建设先行区。

第二节　环京津核心功能区城市能级解析

随着地理环境、经济地位以及城市建设水平的变化，城市能级成为衡量城市发展水平的一个重要指标。作为评估城市在区域乃至全国范围

---

① 资料来源：《京津冀协同发展规划纲要》。

内的地位与影响力，城市能级通常根据城市的经济、政治、文化、创新、开放等方面的发展水平进行划分。与单一城市的能级有所区别，城市群或特定区域的能级通常在以一个中心城市或者多个中心城市为核心的前提下，周边区域内相互联系、相互依存的一组城市，通过共同的经济、社会和文化联系而形成的一个全新空间形态，意味着一个更加高效的经济区域，可以进一步优化资源配置、提高区域竞争力，同时也能提升城市群和区域在全国乃至全球的地位与影响力。环京津核心功能区作为京津冀协同发展的重要组成部分，在城市能级上也有其独有的特征和发展趋势。本部分首先围绕环京津核心功能区城市能级的核心要素提出能级提升的主要目标与任务，随后分别对环京津核心功能区整体及相应节点的城市能级进行概述。

一、提升环京津核心功能区城市能级的目标与任务

为了提升环京津核心功能区的城市能级，需要着重抓好北京的非首都功能疏解承接工作，以打造与京津一体化发展先行区，从而有效支持京津一体化发展先行区的建设。在此过程中，需要注重提升城市群和区域的创新能力、资源配置能力、综合服务能力、协同发展能力以及区域辐射能力。

城市创新能力是影响城市乃至地区发展水平的关键因素。在这一点上，要对基础研究、应用研究以及成果转化等各阶段进行关注，并将各环节打通，让科技创新帮助产业经济的自主革新和自我更新。以环京津核心功能区为目标，以技术创新为导向，以区域各节点为中心，确定各中心城市在不同时期的技术创新优先事项，对于促进区域自主创新能力的提高具有重要意义。

城市的资源配置能力也是城市群能级提升的重要因素之一。一方面，需要集聚创新资金、信息资本等关键创新要素，积极发挥对"创产销"一体化链条的掌控能力、稳定能力以及关键资源配置能力；另一方面，

还要加强对高端人才的引进和培养，以便更好地发挥他们在创新和创业方面的作用。通过使资源更高效地在不同生产环节间流通，来实现持续的价值增值和生产率提升，打造京津冀一体化中的核心增长极，从而加速推动城市能级的提升。

城市能级的提升同时还依赖于城市的综合服务能力。只有提升综合服务能力，才能保障经济服务和社会服务的平衡发展，进而为承接非首都功能，在社会服务方面提供更为优质供给、建设更为舒适的城市环境，形成具有影响力的高端服务业、生产性服务业以及消费性服务业，为疏解非首都功能提供更为优质的生态体系，提升整个环京津核心功能区的综合影响力。

协同发展能力和区域辐射能力同样是推动城市群能级提升的重要因素之一。在推进环京津核心功能区的城市能级提升过程中，需要注重协同发展能力和区域辐射能力的提升，以实现区域经济的全面发展和互联互通。就协同发展能力而言，需要注重与北京、天津等城市的合作，共同推进区域一体化发展。同时，还需要以整个京津冀区域为基础，优化区域布局，降低资源协调成本，加强交通、能源、信息等新型基础设施建设，以打造更有力的支撑保障体系，为区域协同发展保驾护航。区域辐射能力是指城市对周边地区的辐射和带动能力。在推进环京津核心功能区的城市能级提升过程中，需要注重发挥城市的区域辐射能力，通过加强对周边地区的投资、促进人口流动等方式促进周边地区的经济发展，实现城市与周边地区的互利共赢。

为推动环京津核心功能区能级的提升，打造高质量的经济发展样板区，加速推动京津冀经济建设和协同发展，环京津核心功能区的发展目标和任务需围绕创新驱动、资源高效配置、区域协同、绿色低碳的发展理念展开制定。第一，创新驱动城市能级提升。需加强环京津核心功能区内各主要节点的基础研究和应用研究能力，加强成果转化，推动产业转型升级，打造创新型经济发展区。同时，加强对人才的培养，以引进高层次的人才为重点，加强国际间的交流与合作，增强区域经济社会发展动力。第二,优化资源配置,加速城市能级提升。要加强环京津核心功能区一体化的资源整合能力,优化资源配置方式,在提高资源利用效率的同时,还需加强市场监管、促进市场竞争、推进市场化改革,通过为经济发展提供更加稳定的环境以提高整个功能区的经济效益。第三,区域协同支撑城市能级提升。要大力推动保定市、廊坊市、雄安新区与北京市、天津市等城市间的合作和交流,优化区域布局,加强交通、能源、信息等基础设施建设,通过区域协同一体化发展为城市能级的稳步提升提供更加可持续的支撑。第四,绿色低碳稳固城市能级的提升。环京津核心功能区城市能级的提升需要生态保护与集约型经济建设的协调,加强环境监测与评估、加强环保法规的执行力度,不仅是推动绿色发展、低碳发展的必由之路,也是稳固城市能级提升成果的重要约束,以绿色低碳为目标的能级提升才能提高城市的综合服务能力和可持续的区域辐射能力。

二、环京津核心功能区城市能级概述

环京津核心功能区是指以北京市、天津市、保定市、廊坊市和雄安新区为核心的城市群,是中国新型城镇化发展的重要战略区域。该区域地理位置优越,交通便捷,经济实力雄厚,具有较高的发展潜力和优势,是中国经济发展的重要"引擎"。

从总体层面来看,环京津核心功能区的城市能级处于较高水平。首先,环京津核心功能区拥有全国最高的城市集聚度,是中国的政治、文化、科技、金融和商业中心之一。其次,环京津核心功能区拥有全国最优质的人力资源和高端技术资源,具有较强的创新能力和竞争力。最后,环京津核心功能区拥有较为完善的基础设施和公共服务体系,包括交通、能源、水利、教育、医疗等,为城市发展提供了有力的支撑。不过,环京津核心功能区的城市能级还存在不足之处。首先,环京津核心功能区城市化进程较快,城市规划和建设存在一定的问题,城市环境和生态状况亟待改善。其次，环京津核心功能区内城市经济发展不平衡，产业结构、创新水平、人力资源等方面呈梯次分布，城市间的协调发展还有待加强。最后，环京津核心功能区城市人口密度较高，城市公共服务和资源分配存在一定的压力与不平衡。环京津核心功能区城市能级的高水平提升与均衡发展是推动京津冀世界级城市群建设的关键环节。

从内部节点城市来看，保定市是环京津核心功能区的重要城市之一，是京津冀地区的交通枢纽和经济中心。保定市的城市能级较高，具有较高的发展潜力和优势，主要表现在以下几个方面。首先，保定市的经济实力较强，是河北省的经济中心之一。其次，保定市的人口规模较大，拥有较为优质的产业资源、人力资源和高端技术资源。最后，保定市的基础设施和公共服务体系较为完善，为城市发展提供了有力的支撑。然而，保定市的城市能级也存在一些不足之处。首先，保定市的城市规划和建设存在一定的问题，城市环境和生态状况亟待改善。其次，保定市的城市发展不平衡，区县之间发展差异较大，城市间的协调发展还有待加强。最后，保定市的城市交通状况不够便捷，城市交通拥堵问题比较突出，物流运输、出行交通网络和其他基础设施的建设有待进一步完善。

廊坊市是环京津核心功能区的另一座重要城市，是京津冀地区的重要经济中心和交通枢纽。廊坊市的城市能级与保定市相比虽有一定距离，但仍具有较高的发展潜力和优势。廊坊市的城市能级主要表现在以下几个方面：首先，廊坊市拥有较多优质的钢铁、机械、化工、新材料企业和产业集群，同时，廊坊市还是全国重要的物流中心之一，拥有大量的物流企业和仓储设施。其次，廊坊市具有相当的人口基数，从而为高层次人力资源的培育提供了基础，廊坊市常住人口中具有较高的高等院校和研究生比例，同时还拥有多家国家级高新技术企业和科研机构，为城市的创新和发展提供有力的支撑。最后，廊坊市的基础设施和公共服务体系较为完善，市内有多条高速公路和铁路干线穿过。同时，廊坊市还拥有较为完善的教育、医疗、文化等公共服务设施，为居民提供了较好的生活和发展环境。然而，廊坊市的城市能级水平也存在一些不足之处。

首先，廊坊市的城市化进程较快，城市建设过程中存在一定的环境污染和生态破坏问题，亟须加强环保意识和治理力度。其次，廊坊市的城市发展还存在一定的空间和区域限制，需要加强城市规划和区域协调，促进城市间及城市内各区域的协同发展。最后，廊坊市的产业核心竞争力不够突出，产业链结构较为单一，高精尖和战略性产业体量不足，未能形成长期内可持续增长的稳定经济动能。

雄安新区是环京津核心功能区的新兴城市，是中国新型城镇化发展的重要战略区域，具有较高的发展潜力和优势。首先，从城市规划和建设方面来看，雄安新区是中国政府打造的"千年大计"，规划面积达到2000平方公里，是中国历史上规划面积最大的城市建设项目之一。雄安新区的城市规划注重生态环境和可持续发展，具有较高的城市品质和城市形象。同时，雄安新区还注重人文关怀和社会公益，为居民提供更好的生活和发展环境。其次，从经济实力方面来看，雄安新区的城市能级水平也处于较高水平。雄安新区是中国政府重点打造的新型城镇化示范区，未来将成为中国经济发展的新"引擎"。雄安新区的经济基础雄厚，拥有多个重要产业和产业集群，如高端制造业、新材料、科技创新等领域。同时，雄安新区还拥有较多的优质企业和科研机构，为城市创新和发展提供了有力的支撑。然而，雄安新区的城市能级水平也存在一些不足之处。首先，雄安新区的城市发展面临较大的挑战和压力，需要解决一系列城市化进程中的问题。作为一个新开发的城市，雄安新区面临着城市基础设施、公共服务、人才引进等方面的"瓶颈"问题。其次，雄安新区的城市规划和建设需要更加注重绿色节能低碳高效，为居民提供更好的生活和发展环境。雄安新区需要加强城市文化建设和社会治理，提高城市居民的幸福感和获得感。最后，雄安新区的城市发展需要更加注重创新和可持续发展，为未来城市的发展奠定坚实的基础。

第三章

保定市：城市功能优化与能级提升

保定市是环京津核心功能区内重要的城市节点之一，其城市功能的优化和能级的提升对于疏解北京非首都功能与雄安新区的建设具有重要作用，对于打造环京津世界级城市群具有重要的战略意义。本章首先介绍保定市现实功能的建设成果以及相应的不足之处，然后分别依据保定市的本土功能定位以及在环京津核心功能区中的功能定位进行思辨，以提供保定市功能规划的远景目标，最后站位于高效协同建设环京津核心功能区以及打造世界级京津冀城市群的目标，为保定市城市能级的提升提供思考与政策洞见。

第一节　现实功能与功能定位辨析

一、保定市城市功能建设取得的成就与不足

截至 2022 年初，保定市生产总值完成 3725 亿元，比上年增长 7.2%、增速全省第一；一般公共预算收入完成 312.5 亿元，增长 11.3%、增速全省第一；规模以上工业增加值增长 11.4%、增速全省第一；进出口总值完成 411.3 亿元，增长 40.4%、增速全省第一；固定资产投资增长 6.9%、增速全省第二；社会消费品零售总额增长 9.5%、增速全省第二；居民人均

可支配收入增长 10.1% 、增速全省第二。① 居民生产、消费、投资、收入等各项经济指标均保持高速发展势头，展现出强劲的经济活力与韧性。

（一）保定市城市功能建设成效显著

1. 产业转型升级取得新进展

截至 2020 年底，保定市全部产业增加值 3353 亿元，其中第三产业增加值 1852 亿元，贡献率高达 55.23% ，相比上年增长 3.4% ，第二产业增加值 1109 亿元，其中工业增加值 807 亿元。与上年相比，保定市的产业结构进一步优化，转型升级取得新的进展（见图 3 - 1）。具体来看，信息技术、软件及相关服务业与上年相比增长 21.8% ，居所有行业之首，公共服务、教育、金融等高增加值行业均有不同幅度的增长，而住宿餐饮、租赁、维修、文娱等传统行业的增速有所下降。②

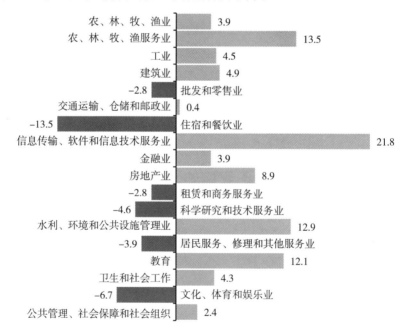

图 3 - 1　保定市 2020 年各行业产值同比变化（单位：%）

---

① 资料来源：《河北省保定市政府 2022 年工作报告》。
② 资料来源：《保定市经济统计年鉴 2021》。

主导产业优势巩固。作为中国汽车企业在海外建立的第一个全工艺独资制造工厂，长城汽车俄罗斯图拉州整车制造项目竣工投产。保定市政府工作报告中指出，高技术产业增加值在制造业所占的比例为48.7%，并在全省范围内名列前茅，远高于平均水平30个百分点。全市共有383个科技创新平台、11042家科技型中小企业、1306家高新技术企业，在全省排名第一位。全国第一个也是全省唯一的"光伏"国家级技术标准化创新基地在保定落地，"同光"在涞源的十万片碳化硅项目建成投产，"数据信息服务业"项目集中开工，百辆氢能重型卡车的运营规模和行驶里程位居世界首位。战略性新兴工业的增加值增长14.5%。与上年同期相比，绿色能源和汽车及零部件行业的增加值分别增长了29.2%和16.5%，新型材料行业的产值增长了16.5%，医疗健康等相关行业的增加值同比上升16%，高端装备生产行业的增加值提高了33%，新能源汽车的产量也提高了41%，达到了5.5万辆①。

同时，根据《保定市2021年国民经济和社会发展统计公报》中的统计，保定市服务业在经济生产总值中所占据的比例首次突破了50%，并对全市的经济发展增长作出了超过60%的贡献。全市下属县域经济发展势头强劲，形成了8个产值过千亿元的特色工业集群，其中高阳的毛纺织业被列为省级"智能工业"示范基地。私营企业的发展更加活跃。共有4.18万家私营企业、24.37万户个体工商户，它们的规模和利润，与上年同期相比分别增长了9.12%和6.62%。改革发展势头强劲。"石保廊"国家"综合创新改革实验区"各项改革工作进展良好，"京南"国家科技成果转化示范基地取得了显著成效，共建立了267个国家、省、市三级科技创新平台，以及123个省级及以上的众创空间，数量位居全国前列。新增加了高精尖类企业336家，全市相关企业存量突破了1000家；新增加了1231家中心型知识密集型企业，总数达到了8979家；获得了专利授权5838项，发明授权671项；获得了2项国家

---

① 闫继红．政府工作报告［N］．保定日报，2022－02－06（A01）．

专利奖和 10 项省专利奖。研发投资密度为 2.27%，已连续三年位居河北省首位①。

2. 民生事业达到新高度

2020 年保定市公共财政预算支出 802 亿元。如图 3 - 2 所示，其中教育支出占比最高，达全部财政预算支出的 1/4。全部民生支出占比 77.8%，其中节能环保、交通运输、社保就业、社区支出等均较上年有较大幅度的增长。

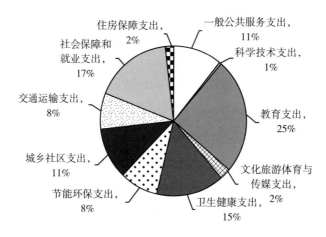

图 3 - 2　保定市 2020 年公共预算支出结构

2021 年保定市民生支出 603.2 亿元，占公共财政预算支出的 84.2%，达到民生事业的新高度。省定 20 项民生工程全部提前完成，市定 32 项民生实事项目基本完成。城市新增了 9.1 万个工作岗位，城市登记失业率为 3.73%。坚持实施三年学校建设工程，42 所学校已竣工使用，34 所正在建设中。完成 300 个老旧小区和 3393 座农村危房的改造、1321 套经济适用房的租房补贴发放。降低医保费率和基数，为企业减轻了 18 亿元的负担。保定 54 所医院和京津地区的 83 所大医院建立了协作关系，使更多的高质量的医疗资源得到了充分利用。②

---

① 资料来源：《河北省保定市政府 2022 年工作报告》《保定市 2021 年国民经济和社会发展统计公报》。
② 资料来源：《保定市经济统计年鉴 2021》《保定市经济统计年鉴 2020》。

城市环境持续改善。集中实施了一批城市主次干道改造项目，完成了主城区 14 条道路 24 千米市政改造工程，完成"四网"（供水、排水、燃气、供热）、雨污分流工程近 120 公里①。大兴机场涿州航站楼、中国古动物博物馆、央视涿州文化产业综合体成功落地，3.94 平方公里古城保护更新快速推进，环城水系加快建设，新建一批口袋公园。交通方面，京雄高速、荣乌新线和容易、安大两条建材通道如期通车。

3. 生态文明建设取得新成果

精准减排，管控落地落实。2021 年，保定市 PM2.5 污染指数较上年同期降低 19.4%，全年持续 249 个空气高质量日期，连续三年在"2 + 26"城市空气质量评估考核中被评为优秀②。对 54 个影响严重的生态环境问题进行了整改，推进了 25 个白洋淀流域综合整治与养护工程，对 1323 个农村地区的生活废水进行了处理，水环境质量创了 20 年来最高纪录。在全国范围内，被污染土地的安全度和循环开发安全度均为 100%。全面深化农村改革。坚持以科技农业、绿色农业和品牌农业为重点的发展方向；高品质农业持续发展，太行山地区 50 个科技创新驿站和 193 个现代化农场，形成了"河北省"特色农业示范基地，7 个县级市获得了"全省农产品质量安全县"称号。定兴成为"国家公园"县级市，易县成为"第一个国家全域旅游示范县"，"清西陵"获得 5A 级风景区称号以及"2019 年度中国最美的悠闲田园"称号，阜平骆驼湾村获得"2019 年度中国最美的休闲乡村"称号，竞秀区的大激店村和涞水百里峡村获得"国家最具魅力的乡村旅游村"称号。保定市继续加大土地和生态建设力度，完成了 67.15 万亩的森林建设、303 万亩的封山育林、3888 万亩的森林抚育工作，森林覆盖率已达 34%，荣获"国家森林城市"称号③。

4. 协同发展实现新突破

保定市深入推进国家重大战略落实，坚决服务保障雄安新区建设，

① 资料来源：《河北省保定市政府 2022 年工作报告》。
②③ 资料来源：《河北省保定市政府 2022 年工作报告》《保定市 2021 年国民经济和社会发展统计公报》。

紧紧抓住北京非首都功能疏解"牛鼻子",深入推进京津冀一体化建设。截至 2022 年初,保定市与北京市、天津市合作项目累计达 583 项,总投资 7043 亿元,在高端装备制造、生命健康、文化、科学研究等产业领域推动了一批标志性项目落地。

中央企业和北京企业先后到保定进行了 350 余次的深度对接,累计完成了 572 个项目,投资总额为 7139 亿元,其中包括 115 个央企项目,投资总额为 2159 亿元。保定利用其特殊的地理位置和运输能力,积极规划和实施了一系列重要的铁路工程,如雄忻高铁、京雄保铁路(R1)等,正在加速建设中。[①] 大兴机场涿州航站楼、中国古动物博物馆、央视涿州影视城等一批重要工程相继开工建设;南水北调中线雄安调蓄库、南拒马河防洪整治工程、白沟河整治工程以及张北—雄安输网和其他重要保证项目相继启动。京津冀地区协同发展和雄安新区的规划,给保定带来了巨大的发展机遇。

(二) 保定市城市功能优化面临的现实问题

总体来看,保定市已经在产业升级、民营民生、生态建设、协同发展等核心功能上取得了一定的成效,整体已初步形成具备承接非首都功能的条件,但距离承接北京非首都功能、成为环京津核心功能区的核心节点城市及京津冀高质量协同发展仍有改善和进步空间。

1. 社会功能支撑能级不足

社会功能上,保定市主要承接北京部分行政事业单位、高等院校、科研院所和医疗养老等功能疏解的服务区,解决困扰北京发展的交通、医疗、教育、环境等多方面问题,优化首都的运行机制。从现有城市建设来看,保定市的医疗、教育、行政服务等社会功能能级仍达不到北京市相应的能级水平,在优质资源方面,对来自北京的承接和引进还不够,高质量的医疗、教育等社会服务的覆盖面较小,且在区域间的分布尚不

---

① 资料来源:《河北省保定市政府 2022 年工作报告》《保定市 2021 年国民经济和社会发展统计公报》。

均等，尤其在离北京、雄安更为接近的北部区县更是如此。相应的城市规划与配套基础设施建设仍需提高推进效率，后续承接非首都功能的相应人才供给和集聚能力有待进一步提升。

2. 产业承载能力尚有欠缺

保定市在新能源汽车、装备制造、先进储能等高精尖产业上成果显著，整体产业结构转型进程有目共睹，已具备形成承接北京高端制造业和新兴战略产业及配套产业设施的良好条件，但距离打造自主完备可靠的产业链条仍有差距，具体表现在供应链资源的整合尚未完成，除去主导产业外的剩余核心产业虽有品质，却欠缺在京津冀乃至全国具有广泛影响力和竞争力的强势品牌；产业创新、专利保障、成果转化等关键性、生产性服务业和创新链条体量不足，服务能级与现有北京市同类行业水平相比较低，重大共性技术、产业关键核心技术、具有引领和支撑作用的产业创新成果不够突出，相应的产业孵化园区与科技服务平台仍需进一步提质增效。

产业链相对单一，对核心链条的招商引资与扶持力度还不够。相比于北京和天津的主导产业，保定市的核心产业缺乏有效的产业集聚效应，相应的对接产业发展水平滞后，人才供给不足，发展动力欠缺。目前来看，保定市的招商引资力度不够突出，招商定位不够精准，引资目标不够清晰，在形成产业链协同发展的营商服务环境方面需要进一步加速优化。同时也要逐渐摆脱对单一链条的过度依赖，依托更高质量的开放平台与机制不断提升招商引资的广度，形成多链互补、协同共进的现代产业发展格局。

3. 协同治理能级水平有待提高

目前，保定市已在规划、交通、国土空间开发、生态等领域展开了跨区域协同合作，尤其在交通、生态方面成功落地了一大批重大项目，为承接北京非首都功能、联动雄安建设发展取得了阶段性的成果。但从长远目标来看，目前的协同治理在广度和深度上仍需加快步伐。首先是还未形成人才跨行政区域流动的基础条件，在异地就业、就医、就学等方面仍存在壁垒和门槛。其次，企业资质互认、标准互认、财税政策互通、营商环境一体化等关键功能还未打通，缺少统一的政策支持、管理体系。此外，行政邻近区域的发展较不均衡，多数区县节点还未做好深入融入首都都市圈城镇一体化体系的准备。

二、对保定市城市功能定位的思考与辨析

（一）保定市本土功能定位与发展规划

《保定市国民经济和社会发展第十四个五年规划和二〇三五年远景目标纲要》（以下简称《保定市规划纲要》）中对保定市自身城市功能发展定位有了明确的规划：经济功能方面，要创建国家创新型城市，打造创新驱动发展高地，加快建设有竞争力的现代产业体系，打造产业转型升级高地，大力发展数字经济和生物经济，打造高质量发展新引擎；城市服务功能方面，加强基础设施建设，形成一体化交通网络系统，强化绿色高效能源网络建设，全面推进新型基础设施建设，通过深化改革和扩大开放，打造一流营商环境高地，建设高质量教育体系，实现更高质量的充分就业，着力壮大发展文化产业，大力发展旅游业，深入推进城乡文化一体发展；生态功能方面，建设绿色低碳标杆"无废城市"，重点实施白洋淀上游生态综合治理，强化生态系统保护修复，打造生态文明建设高地。致力于进一步壮大保定的"畿辅枢纽动力、产业振兴活力、直隶文化魅力、绿色生态潜力"，建设具有"山淀情、直隶风"的新时代"生态城"（见图3-3）。

（二）打造非首都功能疏解的"第二战略支点"

《保定市规划纲要》中进一步明确提出，通过精准承接北京优质资源，强化与北京产业链、创新链双向融合，推进公共服务领域对接合作，探索统一规划、统一标准、统一政策的协同发展新机制，着力打造北京非首都功能疏解的"第二战略支点"，从而深入落实京津冀协同发展战

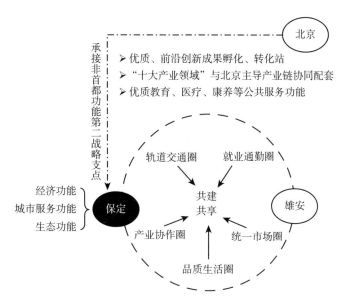

图 3-3 保定市功能图谱

略，加快建设与京津一体化发展试点、高水平承接北京非首都功能疏解、着力打造与京津一体化发展先行区（见图 3-3）。

1. 北京创新成果孵化站

围绕全面建设京津冀协同创新共同体，强化与北京优质、前沿创新资源对接合作，促进更多的北京科技成果到保定市孵化、转化。持续深化与中关村合作建设"一中心、一基地、多园区"。高起点规划、高标准建设"保定·中关村创新产业园"，深入推进园区合作共建。着力加强与央企、科研院所的对接合作，与北京共建一批技术转移机构、专业化众创空间和新型科研机构，大力争取企业总部、科研院所、重大科技专项落户保定。与北京共建科技创新基地，建设大院、大所、大学科技成果转移转化区，带动形成"北京研发设计、保定产业化制造"的协同创新格局。到 2025 年，争取全市累计吸引北京市技术转移超过 1500 项，达成技术合同成交额 50 亿元以上。

2. 推进与北京主导产业链配套发展

瞄准北京市未来高精尖产业，保定市重点推进"十大产业领域"与北京市主导产业链协同配套，建立京保产业内循环机制，吸引更多北京的科技创新成果在保定市孵化、转化。其中，在新能源和智能网联汽车领域，保定市重点围绕高效发动机、先进自动变速器、高性能动力电池等环节与北京形成配套；在先进储能领域，积极吸引北京先进储能技术在保定市实现成果转化；在装备制造业领域，保定市重点承接北京航空航天、轨道交通、海洋工程、通信设备等产业疏解；在集成电路领域，保定市与北京高校、科研院所合作建立高水平的第三代半导体材料研发和检测平台，巩固和提升其在全产业链体系中的地位；在人工智能领域，深化传感器生产制造、机器人智能装备组装等方面的区域产学研合作，围绕 5G 技术、无人驾驶等开发更多人工智能应用场景；在大数据与工业互联网领域，保定市积极对接北京龙头企业，建设一批区域新型数据中心、云计算应用服务基地，打造北京数据服务基地；在生物医药领域，重点向保定转移北京中医药、生物医药企业生产基地；在食品加工领域，重点在饮料和水果制品、面包和糕点、餐饮和调味品等领域积极推动保定与北京建立合作关系；在养老服务业领域，以北京市养老政策向保定市延伸布局为契机，推动北京高端康养机构向保定疏解转移；在影视文化领域，保定市对接北京市大型影视制作机构、宣传文化机构，推进户外影视拍摄基地、影视剧产业化基地建设。到 2025 年，推动"十大产业领域"与北京形成产业链配套，京津保产业链协同发展形成新格局。

3. 深化与北京公共服务领域协同合作

基本公共服务均等化是有序疏解北京非首都功能的重要前提，通过精准对接北京优质教育、医疗、康养等资源，加快提升保定公共服务承载力。围绕国家区域医疗中心建设，全面对接北京市高端医疗资源，采取托管合作、建立分院、技术协作、专业联盟、合作共建等多种形式，深入推进保定市与北京市三甲医院和专科医院等的合作；通过合作办学、校企合作、学校联盟、对口帮扶等多种形式，积极引进北京市优质教育资源入保，建立一批"北京名校长、名师工作室"，引入一批北京名师、名校长等优秀教育人才；通过实施"互联网 + 公共服务"承接战略，着力建设覆盖面广、信息量大的线上公共服务承接平台；吸引北京优质康养资源向保定环京地区疏解，建设现代化、多功能的国家级健康养老基地，打造北京康养基地。到 2025 年，争取在保定建设辐射华北乃至中国北方地区的国家区域医疗中心，落地一批京保合作优质品牌学校、优质医疗和康养项目，进一步缩小与北京市公共服务水平的差距，提升区域公共服务均等化水平。

（三）建设雄安协同保障高地

《保定市规划纲要》明确指出，保定市需全力服务保障雄安新区建设，探索与雄安新区的常态化对接协作机制，与雄安新区协同联动共构区域发展新优势，精心谋划现代版的雄保"双城记"。

1. 全力服务保障雄安新区建设

把建设好雄安新区作为保定经济社会发展的重大任务，对标"雄安质量""雄安标准"，重点推进轨道交通、高速公路和骨干路网、水利、环雄安绿化、白洋淀上游流域综合治理五个重点领域重大工程，做强服务保障支撑。加快推进连接雄安新区重大轨道交通、高速公路和骨干路网建设重点工程，打造区域一体化的交通体系支撑。高标准推进白洋淀上游流域综合治理、太行山绿化、规模化林场建设、雄安绿博园保定园等工程，打造拱卫北京和雄安新区的生态屏障支撑。大力发展绿色建材产业，打造雄安新区绿色建材保障基地。

2. 深化与雄安新区常态化对接

统筹好保定市与雄安新区的协同共生关系，建立与雄安新区常态化对接机制，探索"六个共同"。共同规划城镇体系与功能定位，加快推进保定国土空间、产业发展、城市建设、生态环保、道路交通、公共服务等规划与雄安新区的对接；共同建设一体化的现代综合交通体系，形成便捷高效的"半小时通勤圈"；共同构建现代产业体系，聚焦新一代信息技术、生命科学和生物技术、新材料等未来产业，形成"雄安研发设计、保定生产制造"优势互补、互利共赢的产业链和创新链；共同实施国土空间开发保护,全面加强雄安新区周边协同发展区域高效管控,促进人口与资源环境协调发展;共同构筑区域生态安全格局,与雄安新区携手共建系统性、可持续、强底线的生态治理体系;共同打造一流营商环境,建设全球投资首选目的地。深化保定与雄安新区公共服务体系共建共享,推动区域公共服务均等化水平同步提升。

3. 推动雄保高水平融合发展

遵循城市发展规律,精心设计现代版的雄保"双城记",以雄安新区、保定市区为核心,加快辐射带动周边节点融合发展。以产业联动、城际基础设施建设、生态环境治理为抓手,以承接北京非首都功能疏解和白洋淀上游流域综合治理为突破口,雄保共同推动一批重大疏解项目和生态环境治理项目实施,着力打造轨道交通圈、产业协作圈、就业通勤圈、统一市场圈和品质生活圈(见图 3 - 3)。围绕雄安新区高水准建设一批特而强、聚而合、精而美、活而新的特色小镇、美丽乡村。深入对标雄安新区规划和建设标准,全面提升保定城市软硬环境,大力打破行政区划"藩篱",积极探索雄保廊现代化都市圈治理模式。

第二节 城市能级提升的思考

保定市为雄安新区战略腹地,是环京津核心功能区中的关键枢纽,不仅需要作为第二战略支点承接北京非首都功能的疏解,同时也要为雄安新区的建设提供高水平的协同保障,更是京津冀城市群建设中的中心区域。为此,保定市需要综合提升城市能级,不断推进经济结构调整和转型升级、提升城市品质和形象、增强城市吸引力和竞争力,为环京津核心功能区和京津冀世界级城市群的建设提供协同保障和地缘动力。

为了充分发挥保定市城市能级在核心功能区中的优势与支撑作用,本节从创新能级、产业能级、支撑能级、生态能级以及文化能级五个方向提出综合提升保定市城市能级的思考与洞见,如图 3 - 4 所示。

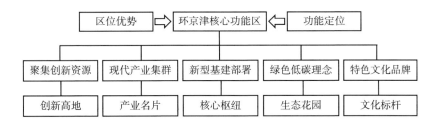

图 3 - 4　建设环京津核心功能区视野下提升保定市城市能级的发展方向

第一，集聚高质量创新资源，培育壮大创新能级，建设环京津区域创新高地。虽然保定市在河北省的创新能级突出，但在整个环京津核心功能区以及京津冀城市群中尚无优势，作为关键的节点城市和中心城市，保定市亟须提升创新能级，以推动环京津区域和城市群创新的多极化建设，进一步放大京津冀在整个中国乃至世界的创新竞争力和影响力。培育壮大创新能级，需要通力汇聚高质量的创新资源，从人才培育与吸引、创新企业孵化与扶持、新兴产业布局与建设、创新政策优化与完善等多个方面发力。重点要依托科创园区及重点项目积极建设和培育国家级实验室、工程研究和技术中心，积极对接新型研发机构和科技领军人才，完善综合性人才培养体系；深入探索产学研合作，形成联合技术攻关、异地孵化、委托研发等多元化的合作模式，加强与高校研究所的常态化对接，促进科技创新成果在保定的孵化、落地与产业规模化。在创新政策方面，需要涵盖多样化的激励机制和风险分担机制，完善政策补助和支持的评估方案与措施，增强创新政策的精准度和可操作性。通过形式多样的创新生态助推保定市成为京津冀城市群的新型创新策源地。

第二，建设现代化产业集群，做强做优产业能级，打造京津冀城市群产业名片。保定市拥有雄厚的产业基础优势，为承接非首都功能提供了便捷与效率，但其固有产业体系与京津冀核心区域其他城市的产业体系并不相同，这不利于京津冀城市产业集群一体化建设和核心竞争力的提升。为此，一方面需要全面优化、提升保定市的产业体系，在巩固既有优势产业集群的基础上，积极培育一批现代化服务业，通过优质项目带动现代物流、金融服务、科技服务、康养服务产业的规模与质量，既要与现有产业体系形成优势互补，又要为更好、更快地承接非首都功能的疏解打好基础、开拓空间。另一方面要积极推动传统行业的转型、升级与改造，通过现代科技或数字要素的赋能以质提需，淘汰过剩和落后产能，扩大新市场、满足新需求，在做大做强的同时注重绿色发展，打造高效集约的新型传统行业集群。在产业链、供应链方面，采用现代化的集成管理模式，做到提升供应体系稳定性的同时兼顾成本节约型的链式创新发展，以产业集群带动供应链的规模发展，进而形成市场辐射效应，吸引更多优质的企业、项目、人才走进来，提升保定市的总体产业竞争力，并着力发挥其在京津冀城市群中的示范作用。

第三，加速新基建部署衔接，筑牢夯实支撑能级，打造中部核心区关键枢纽。新型基础设施不仅是城市现代化进程的关键支撑，同时也是将保定市打造成环京津核心功能区关键节点的重要保障。在传统基础设施方面，保定市不仅有便捷高效的交通组网，也有相对完善的能源供应保障体系，但在5G、大数据、物联网、人工智能以及区块链等新型基建覆盖方面，仍与北京、天津有一定的差距。保定市需要加快在工业和商业新型网络设施上的全面部署，积极争取相应承建项目的洽谈与落地，加快推动平台式服务体系，主动挖掘企业对新基建的新需求，以"智慧型"城市为目标打造企业与民众的大数据中心，通过新型基建在速度、算力、算法以及应用端的创新提高资源与需求的对接效率，增强对生产要素的支撑保障能力。此外，还要加快促成新基建集成信息、物流资金等要素在区域间的协同共享机制，通过智慧城市建设加强对区域间资源要素协同配置的优化能力，提升保定市在京雄保以及冀中北区域的枢纽地位和支撑能级，进而加快京津冀统筹、协调、错位、融合、一体化发展。

第四，贯彻绿色低碳发展理念，稳步提升生态能级，创建环京津生态花园。随着新发展理念的全面推广，建设绿色低碳环境友好型城市是打造现代化城市群的必由之路。作为传统工业型城市，保定市需要在贯彻新发展理念的基础上，推动城市建设绿色转型，在积极弥补生态短板的同时，为京津冀城市群的低碳发展贡献蓬勃的生命力。保定市生态能级的提升重点有以下几点：一是提高自然资源的开发利用效率和污染治理力度，打好蓝天、碧水、净土三大保卫战；二是要强化生态系统的保护修复，实现污染指标动态清零，生态指标力争达到国家高标准；三是完善绿色低碳的产业体系和能源供应体系，推动能源结构调整优化；四是坚持建设"无废城市"，通过促进资源的高效利用和大力发展循环经济，建设高品质、有韧性的现代化保定新城；五是完善生态文明的保障体系，通过建立激励与约束并重、系统完整的生态文明制度体系，促进生态文明领域治理体系和治理能力的现代化。

第五，加强特色文化品牌建设，着力打造文化能级，树立京津冀城市文化标杆。文化是城市群协同发展的重要因素，保定市历史文化底蕴雄厚，利用好文化资源，提升城市软实力、打造环京津区域独特的文化形象，吸引更多的人才、投资对于保定市和京津冀城市群建设的协同推进具有重要意义。因此保定市一要振兴繁荣古城文化、大力发展文艺事业，弘扬历史文化和红色文化，激发城市文化活力；二要壮大文化产业体量，巩固中医药、瓷器、雕塑等传统优势产业，积极培育数字、文创、工艺美术等新型创意产业，打造文创基地；三要依托旅游业加强文化传播力和影响力，着力提升旅游服务水平和质量，积极发展旅游创意产品；四要加强文化宣传和文化品牌走出去，通过对接区域一体化战略和"一带一路"建设，深化对外文化交流合作，加快促进京雄保文旅品牌一体化建设，着力推动环京津文旅发展的共建共享。

| 第四章 |

廊坊市：城市功能优化与能级提升

 第一节　现实功能与功能定位辨析

一、廊坊市主要功能定位

（一）廊坊市城市功能定位

2021 年 2 月 28 日通过的《廊坊市国民经济和社会发展第十四个五年规划》（以下简称《廊坊市规划》）中明确规定了廊坊市未来五年的发展方向。产业功能方面，要把经济发展的重心放在实体经济上，坚持先进制造业和现代服务业双轮驱动，以"1＋5"主导产业为重点，构建现代产业体系，推动产业链条式、集群化发展，提高经济质量效益和核心竞争力。创新功能方面，要着力构建以科技创新为核心、多领域互动、多要素联动的综合创新生态体系，推动更多的高端创新要素集聚、科技成果孵化转化产业化，建设创新型城市。社会功能方面，主动融入全国骨干流通大通道体系，依托公路、铁路、航空立体交通网络，全面形成"枢纽＋通道＋网络"的多层级物流枢纽运行体系，努力打造全国现代商贸物流基地，推进新型基础设施建设，打造一流营商环境，不断提升

完善公共服务体系。生态功能方面，强化与京津的联防联控，构建生态文明体系，筑牢生态安全屏障，打造生态环境新优势，拓展经济高质量发展的生态空间，促进人与自然和谐共生，努力建设生态宜居城市（见图4-1）。

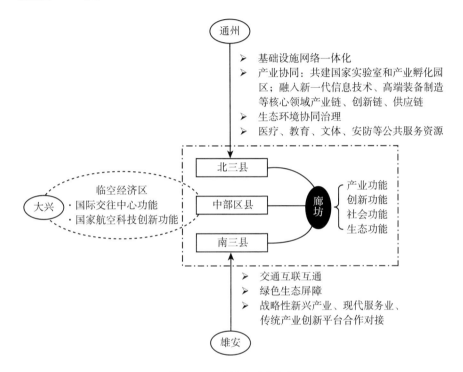

图4-1 廊坊市功能图谱

（二）廊坊市在环京津核心功能区中的定位

《廊坊市规划》中明确提出要着力推进京津冀协同发展向深度、广度拓展，北三县加快融入北京城市副中心建设，中部板块依托临空经济区乘势崛起，南部板块服务雄安新区借势发展。推动重点领域协同发展向纵深拓展，建设高效一体的综合交通体系，协同推进一体化的交通运营管理；强化生态环境联防联控，共建绿色生态空间，重点推动环首都森林湿地公园建设，推动与北京生态绿楔、区域生态格局有机衔接；全方位推动京津冀地区的合作创新，与京津地区的技术和技术资源深度融合，畅通京津科技成果转移转化渠道，打造科技成果孵化转化首选地；建立分工明确、层次分明、协同高效的工作机制和以创新驱动的现代工业系统，探讨各主要工业园区之间的协作与衔接，促进各行业之间的高质量合作发展；推进优质教育资源、医疗资源、康养资源等公共服务资源共建共享，建立常态化的联勤联动支援治安协作机制，建立统一指挥管理的安全检测机制，加强区域安全共建。

1. 推动北三县与北京通州区一体化联动发展

积极推进廊坊北三县与通州区一体化发展，确立"科创燕郊、智造三河、商务大厂、文旅香河"的发展定位，聚焦北京"摆不下、离不开、走不远"的功能和产业，精准对接、加快发展。

加强产业协同发展。依托燕郊高新区等共建一批国家实验室和产业孵化园区，落实一批产业项目，提升协同创新能力，促进产业联动；聚焦新一代信息技术、高端装备制造等核心领域，主动融入北京城市副中心产业链、创新链、供应链。推进基础设施网络一体化建设。加快推进燕郊、大厂、香河高铁站建设和高铁站周边区域的综合开发，全力服务保障京唐铁路建设，持续推进交通运营协同；优化区域水资源协调配置，建立一体化的市政设施维运机制，实现市政设施的统一运营管理，力争环卫、供热、污水处理等市政服务实现与北京通州区同质同标。推动环境协同治理，建立健全北三县与通州区生态环境日常监测、监管执法、应急响应等联动工作机制；持续推进大气污染联防联控，组织开展联合执法行动；与通州区共建北运河、潮白河生态绿洲，构建绿色游憩体系。积极推进北京市基本公共服务资源向北三县延伸，采取合作办院等形式，提高北三县医疗服务水平，深化学校跨区域交流合作机制，积极推动北三县与通州文体设施共享，统一基本公共服务标准。加强社会治安防控体系建设，强力推进北三县与通州警务、救灾基础设施一体化建设，共建首都安全防控体系（见图4-1）。

2. 推动中部县区临空经济区加速发展

临空经济区作为"国际交往中心功能承载区、国家航空科技创新引领区、京津冀协同发展示范区"，要在规划上与北京地区协调一致，产业上错位、政策上同步，大力发展高科技产业，建设一个开放的门户，并以此为基础，以区域为中心，辐射带动中部县区高质量发展，实现区域经济的快速发展。

做好顶层规划设计，持续提升规划质量，把临空经济区打造为京津冀世界级城市群具有较强国际竞争力和影响力的重要区域。推进重大基础设施一体化建设，推动航空物流区形成"一廊两带"空间结构，推动科技创新区形成"一园四带"空间结构，加速提升区内产业和人口综合承载能力，预计到2025年初步形成京冀共建共管、产业高端、产城融合、交通便捷、生态优美的现代化绿色临空经济区。打造临空指向性强、航空关联度高的高新产业集群。提升招商引资水平，大力发展信息技术、智能装备、医疗卫生等产业；发展航空科技创新、航空物流与高端服务业等产业，建立起现代高端临空产业体系，做到与大兴机场临空经济区北京片区、雄安新区、首都机场临空经济区、中关村国家自主创新示范区以及天津滨海新区的协调联动，实现域外产业错位发展。打造对外开放政策新高地，探索建立跨境服务贸易负面清单管理制度，在规则、规制、管理、标准等制度型开放方面加大力度，打造营商环境优异、创新生态一流、高端产业集聚、辐射带动作用突出的开放新高地。产业借力发展，借助临空经济区外向型经济火车头的带动作用，强化产业定位，优化产业布局，提升产业生态环境，推进廊坊开发区、广阳区、安次区、固安县、永清县相关园区与临空经济区在高新技术产业领域的合作，加快集聚高端装备制造、商务会展、航空物流等产业，构建产业合作和发展新廊道，推进中心城区、永清、固安与临空经济区城市功能相互融合，构建城市发展新格局（见图4-1）。

3. 推动南三县与雄安新区联动发展

全力保障服务雄安新区建设，落实周边毗邻区域管控要求，促进雄安新区的协调、联动和错位发展，促进区域内的交通互联互通、生态和谐以及经济社会协同发展。

严格把控与雄安新区毗邻区域城镇建设方向，严控城镇开发边界，防止城乡建设无序发展；强化土地管控，提高土地资源利用效率，统筹航油管线、天然气管线、电力特高压、高压输配电走廊等建设，保障区域内重大项目的用地需求。推动交通互联互通，完善与周边地区的骨架性通道网络，形成对接京津、沟通雄安新区、通达大兴国际机场和天津港的重要交通依托；开通一批廊坊市至雄安新区的公共交通线路，尽早实现交通的无缝对接，形成区域畅达、网络开放、联通高效、方式绿色、运行智慧的综合交通体系。构建绿色生态屏障，深入推进大气污染联防联控，逐步构建流域系统化污染控制体系，推进白洋淀东淀、文安洼生态修复等工程，打造湿地生态走廊和高标准生态绿带。构建服务雄安的产业体系，精准借势雄安新区产业发展，引进高端装备制造、电子信息、新材料等战略性新兴产业，商贸物流、生态旅游等现代服务业，形成分工明确、层次清晰的产业体系；积极与雄安新区创新平台开展合作，围绕家具制造、金属制品、绝热节能材料等传统产业，开发具有高附加值的创新性产品，加快县域特色产业创新发展，促进产业提质升级（见图4-1）。

二、廊坊市功能定位辨析

截至2021年底，廊坊市生产总值3553.1亿元，同比增长6.6%。第一产业实现增加值216.3亿元，同比增长4.2%；第二产业实现增加值1193.6亿元，同比增长5.5%；第三产业实现增加值2143.2亿元，同比增长7.4%，三次产业结构为6.1∶33.6∶60.3。[①] 全市人均生产总值为64460元，同比增长6.0%。经济保持稳中加固、稳中向好发展态势。固定资产投资增长5.4%、一般公共预算收入增长8.4%、规模以上工业增加值增长8.3%、社会消费品零售总额增长5.5%、实际利用外资增长40.1%、外贸进出口总值增长29.8%。一般公共预算收入、外贸进出口、

---

① 资料来源：《河北省廊坊市政府2022年工作报告》。

全体居民人均可支配收入总量和固定资产投资、规模以上工业增加值、实际利用外资增速均居全省前列；税收占一般公共预算收入比重、余额存贷比均居全省第 1 位。[①]

（一）廊坊市城市功能建设成效凸显

1. 产业升级释放新动能

与 2019 年相比，廊坊市 2020 年产业结构进一步优化（见图 4 - 2），第三产业增加值占比进一步提升，由 60.44% 增长到了 62.34%，工业增加值占比则下降 1.96%。同时，创新对经济增长的驱动力进一步提升，专利授权数同比增长 67.8%，其中高质量发明专利同比增长 47.8%，创新实力的增强为产业转型升级释放了新动能。[②]

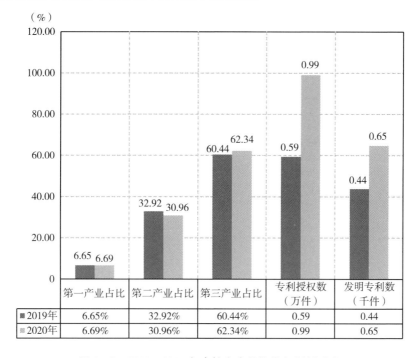

图 4 - 2 2019～2020 年廊坊市产业结构与创新对比

---

① 资料来源：《河北省廊坊市政府 2022 年工作报告》。
② 资料来源：《中国城市统计年鉴》。

供给侧结构改革成效显著。2021 年成功退出 4 家钢铁企业、1974 万吨钢铁产能，整治"散乱污"企业 1.6 万家，累计实施工业技改项目 1478 个。围绕"1 + 5"主导产业和"7 + 6"县域特色产业集群，引进建设了有研稀土新材料、精雕数控机床、维信诺等一批高端高新产业项目，三次产业结构持续优化。高新产业蓬勃发展，高新技术企业、科技型中小企业、省级以上研发平台和万人发明专利拥有量分别增长 3.7 倍、1 倍、7 倍和 1.5 倍。产业项目"倍增"行动扎实推进。全市在谈、签约、新开工、省市重点项目分别达到 920 个、593 个、326 个和 339 个，比 2020 年翻了一番，市级以上重大工程完成率为 141.6%。先后 4 次组织重点项目开工，共 380 个，总投资 1932.3 亿元，其中包括华大基因、益海嘉里等一大批优质项目。①

科技创新能力不断提升。新增高新技术企业 240 家左右，新增科技型中小企业 1241 家；新增省级以上企业研发机构、进入全省县域科技创新 A 类县数量，以及全市技术合同交易额增速，均居全省第 2 位；新增国家级孵化器、科技创新三年行动计划中期评估指标完成数量，均居全省第 1 位。②

2. 区域协同奠定新基调

北三县和通州区经济社会的融合与高质量发展已经进入新的轨道。北三县的整体功能和产业结构有了更为科学的发展规划，进一步明确了"燕郊科创，三河智造，商务大厂，文旅香河"的总体发展定位与目标，与北京副中心的建设有了更深层次的融合。③ 建立工作推进指挥部，组建 10 个工作专班，统筹推进交通、生态和工业发展；在民生事业等重点领域，进一步加强与地方的对接和合作。与北京签约总投资近 900 亿元，共 82 个重大合作项目正加速推进，包括中冶总部基地、华海"云谷"云计算数据中心、国家京剧院文旅产业融合发展基地等。交通互联方面，"京

---

① 周禹佳. 协同发展持续发力 经济动能持续增强 ［N］. 河北日报，2022 - 02 - 08 (016).

②③ 资料来源：《河北省廊坊市政府 2022 年工作报告》《廊坊市 2021 年国民经济和社会发展统计公报》。

唐铁路""平谷线""4 条跨境公路"等重大运输项目预计将提前落地完工，北运河廊坊段与北京段同步旅游通航。[①]

廊坊临空港经济正呈现出蓬勃发展的态势。固定资产投资达到 304 亿元，同比增长 19.5%，"引爆点""增长极"的作用逐渐得到强化。对五大工业功能区及起步区、启动区的具体实施区域进行了科学划分，并顺利发行了 88 亿元专项债券，争取到了 500 亿元中长期贷款，启动了百亿元工业基金、建设基金等项目，为"大开发、大建设"提供了有力的资金保证。提出了"1 + 2 + 3"的工业发展路线，即：以空港开发区为核心，围绕国际商务、高端制造、生物医药、生态旅游主要功能区域，积极建设空港工业创新系统，担当起创新驱动的重任。同时，廊坊临空经济区也在积极、精准地引入外资和外商，已经签订了 55 个千万级别以上的投资合同，其中包括国药集团和华芯无限航空公司。津兴铁路、城际轨道交通一期工程及城区内的城市网络、医院、学校等公共服务设施的施工进度都在加速推进。[②]

在基础公共服务领域，廊坊市在过去的 8 年里，紧紧抓住"三个统筹"的机会，大力推进交通、教育和卫生事业；实现了康养和生态环境等公共服务的共建、共享，"民生红利"在协调发展中不断释放。立体化交通网络逐渐成形。北京大兴国际机场（廊坊）北线高速公路和北京（东延）全线贯通，"京雄""京德""荣乌"三条高速公路（廊坊路线）和"雄安新区"跨界高速公路竣工通车，北京地铁"22 号线（平谷线）"河北段启动，"京唐铁路"和"4 条跨界高速公路"等交通综合重点项目加快建设步伐，"京雄"机场快速线（R1）也在稳步推进。持续向社会释放优质的教育和医疗资源。北京实验学校和北京潞河中学三河分院正式落成启用，中国人民大学新校园大厂拓展区的建设也在加速推进。中国医科大学附属肿瘤医院位于河北，一期工程即将竣工并投入使用。三河燕达养护中心及五福老年公寓率先和北京市运行补助与医疗保障系统

①② 资料来源：《河北省廊坊市政府 2022 年工作报告》《廊坊市 2021 年国民经济和社会发展统计公报》。

对接。^① 在此基础上,"京冀"水运通道的开通试航,为京津区域经济社会的协调发展提供了新的契机。

3. 城市能级获得新提升

在营商环境上,持续推进"放管服"改革,以"十大优化"为目标,以"证照分离"为方向,在全市范围内持续推进。各类行政服务事项网上办理比例达100%,453项高频便民、70项涉企行政服务事项在北京副中心实现了"跨地区"的"通办"。企业主体规模达53万户,同比增长10.1%。达成了国有企业法人治理结构的目标,实现了对市属企业的集中、统一管理。荣万家、同飞股份、河北志晟资讯已分别于香港交易所主板、深圳证券交易所创业板、北京证券交易所成功上市。^②

在开放环境上,廊坊自贸区已有1181家登记企业,其中"京津冀区域经济社会发展四项机制建设试点"被评为"全国自贸区最佳实践示例";北京大兴国际空港综合保税区一期工程正式竣工验收;廊坊综合保税区实现跨境电子商务进口66.4万笔,占全省的70%;"5·18"经济贸易洽谈会以线上、线下相结合的方式举办,实现了项目签约和投资规模的双高,进一步深化了对外开放的水平。^③

在生态治理上,对污染治理和生态修复等重点工作进行了深度优化,PM2.5的平均浓度下降到了37μg/立方米,与上年同期相比下降了11.9%,全年空气质量好的天数达到了264天,与上年同期相比增加了12天,是有监测记录以来的最佳水平。全市8条主要河道9条断面水质达标,3条河道获省授予"秀美河湖"称号,实现了"美丽河湖"的目标。累计完成造林171000亩,其中三河市、大厂回族自治县、固安县被评为"省级森林城市"。^④

(二)廊坊市实现功能优化面临的现实问题

1. 产业核心竞争优势略显不足

廊坊作为未来承接非首都功能中战略性新兴产业和现代服务业聚集

---

①②③④ 资料来源:《河北省廊坊市政府2022年工作报告》《廊坊市2021年国民经济和社会发展统计公报》。

区、科技研发创新成果转化引领区、高新技术成果转化的核心载体等关键节点，其自身产业发展尚不足以支撑更高能级的生产性和服务性功能。现有产业门类较为单一，主导产业与关键核心产业也并未形成规模化集群，在大数据、医疗健康、数字金融等现代新兴产业与服务业上缺乏竞争优势，缺少重点项目的支撑；在人工智能、数字产业等战略性新兴产业上发展动能不足，缺少龙头企业的引领作用。

全产业链建设进程有待提速，缺少新型显示、汽车制造、新型能源等关键性的城市功能支撑型产业，在创新转化、技术服务等新型生产性服务行业上投资不足，在家具板材、食品制造、绝热节能材料等优势传统产业上的智能化、绿色化技术转型也有待提速。

产业创新力量不够突出。缺少具有强大竞争优势的创新平台和产业孵化平台，导致产业链、供应链和创新链急需进一步深度融合。创新主体数量不足，领军型科技企业、瞪羚企业、实力型民营企业数量有待进一步提升，创新力量有待进一步培育壮大。

2. 城市功能布局仍需进一步完善

北三县与通州区的一体化协同发展需要进一步深入推进。在疏解首都企业、科研院所等六类功能上投资后劲不足，缺少关键项目的带动与支持，在与北京已签约的合作项目上，进度推进稍显缓慢。潜在功能承载能力有待提升，燕郊高新区、三河经开区、大厂高新区、香河经开区等承接平台需要进一步加快建设，做大做强，燕郊科学城起步区和特色小镇建设需要加快推进，在完善空间资源和顶层规划的基础上强化整体功能承载能力。

主体城市功能布局需要提高推进效率，以建设京津冀世界级城市群重要节点城市为目标，廊坊市现有的城市智能化、清洁型基础设施与项目工程仍不能满足日后逐渐增长的需求。各城区、县区间与承接区建设及治理协同化程度不够，仍需强化交通互联，加快实现各区规划一体、建设同标、产业协同。

第二节 城市能级提升的思考

廊坊市地处北京、天津、雄安新区黄金大三角核心腹地，最大的优势是地理区位处于京津经济走廊的交会点，作为京津通廊上的节点城市，廊坊市是环京50千米内第一圈层的唯一地级市，距北京大兴国际机场仅26千米，于城市本身而言，区位交通优势独一无二。独特的地理区位优势也使得廊坊能够很好地接受北京、天津两大城市的辐射带动，是承接未来京津冀产业增量和人口增量的重要城市，也是京津冀协同发展的典范城市。随着京津冀协同发展重大国家战略向纵深推进，北京城市副中心、北京大兴国际机场、雄安新区与廊坊一体化、同城化步伐加快，交通、生态、产业、公共服务等重点领域对接合作持续深化，积蓄的发展势能正加速转化为发展动能。如果能积极主动融入京津冀城市群，廊坊的城市经济将迈上一个新的台阶，成为河北未来最具发展潜力的城市。

《廊坊市规划》中明确指出，未来整个廊坊市的发展定位将集中在京津一体化发展示范区、高端高新产业集聚区、科技成果转化引领区、国际空港门户功能区，打造连接京津雄生态宜居城市。廊坊市必须紧紧扭住承接北京非首都功能疏解这个"牛鼻子"，不断深化产业、交通、生态、公共服务等方面的对接合作，把区位优势转变为现实的发展优势。

目前，廊坊在城市功能建设、区域协同、城市能级提升上取得了一定成果，但是在交通、产业、职能和公共服务上与环京津核心功能区其他城市与地区的协同程度仍显不足，城市能级也需要进一步提升。为此，廊坊市在京津冀协同发展中明确自身发展方向，提出打造交通强市、物流强市、科技强市、文旅廊坊、健康廊坊的发展方向，如图4-3所示。

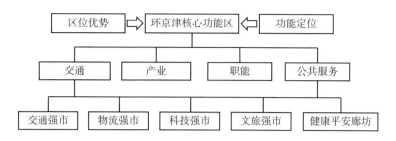

图4-3 建设环京津核心功能区视野下提升廊坊市城市能级发展方向

第一，协同发展纵深推进，深入实施交通对接，打造交通强市。一方面，进一步加强交通建设和管理对接，以交通一体化推动南部县（市）与雄安新区联动发展。深度谋划与雄安新区市政道路对接工作，积极融入雄安轨道、公路交通网络，加快形成半小时通勤圈；另一方面，加快构建北三县与通州区一体化交通网络，依托副中心综合交通枢纽，有效衔接城际铁路、高铁、城市轨道交通和地面公共交通。北三县交通项目是京津冀协同发展重要工程，也是经济工程和民生工程，要以项目建设特别是重点项目建设为抓手，推动项目启动，拉动固定资产投资，带动经济发展。强化统筹配合，落实主体责任，统一调度，各地区各部门全力配合，多沟通协调，加快组织实施。

在交通制度、规则软联通方面，启动与北京、雄安等地在运输服务联程、技术标准兼容、要素资源共享、体制机制对接等方面的研究工作。持续与京津冀其他城市开展跨省市运输违法违章联合治理，加强三省市交通执法和治理深度协作。

第二，建立现代商贸物流发展高地，打造物流强市。建设全国现代商贸物流重要基地，是中央赋予河北的功能定位。廊坊市拥有发展现代商贸物流业得天独厚——区位优势、交通优势、市场优势，廊坊要把这些天然和外部优势转变为自身的发展优势。随着京津冀协同发展进入新的历史阶段，北京的非首都功能正在加速向廊坊市、雄安新区、保定市等周边地区疏解，京津冀产业布局正在优化升级，廊坊市必须紧紧抓住这个重大的历史机遇，大力发展现代商贸物流业，加快打造现代商贸物流和特色产业集群发展新高地。充分利用公路、铁路交通网络和大兴机场国际航空枢纽，以京津冀区域市场为基础，面向全国乃至国际市场，进一步完善物流配送系统，保障供应链安全，切实推动要素资源能够快速聚集和流动，并以此培育、吸引总部企业进驻廊坊。要聚焦"两枢纽、三基地"建设，实施商贸物流提质增效行动，借势临空经济区、跨境电子商务综合试验区等平台，力争与国内外头部物流企业合作。

在承接北京非首都功能疏解时，在对接京津、服务京津中充分发挥优势，充分利用高速铁路、高速公路、港口和大兴国际机场等交通基础设施，打造智慧物流园区，完善仓储、运输、配送体系，积极引进现代物流业龙头企业，并以此带动整个行业形成集聚效应，全面提升现代商贸物流产业发展水平，打造国际商贸物流贸易新业态。实施商贸物流提质增效措施，启动物流枢纽建设、电子商务培育、新型业态拓展、智慧快递示范、区域协同发展、产业布局优化六大工程，带动现代商贸物流产业实现新突破，加速打造全国现代商贸物流重要基地。

第三，激活创新动力，打造科技强市。把创新作为第一动力，持续加大科技创新力度，继续做好"雏鹰—瞪羚—领军"企业梯度培育工作，强化企业创新主体地位，引导企业增强创新意识、加大研发投入、激活发展动能。廊坊市要制定和完善创新政策，不断创造有利于科技创新的环境，加快推进以科技创新为核心的全面创新，通过政策和市场引导，着力要打造一批科技龙头企业、科技型中小企业以及专精特新"小巨人"企业。着力培养京津冀协同创新共同体，吸引各地优质创新要素和资源，与北京、天津合作共同构建高水平的创新平台，提高科技创新对经济增长的贡献率。加快关键核心技术攻关，启动科技重大专项，加强专业化市场化技术转移机构建设，推动科技成果转移转化。大力吸引汇聚国内外高端人才，构筑国际一流人才创新平台，加大对青年科研人员支持力度。

同时，加快建设数字廊坊。抓住新一轮科技革命以及产业升级中的重大机遇，加快推进产业数字化、数字产业化，促进数字经济与实体经济充分融合发展。此外，要加快建设数字产业集群的发展，建立大数据中心并充分发挥其在数字经济建设中示范带动作用，引导支持更多数字经济企业发展壮大。

第四，文旅融合赋能经济高质量发展，加快建设文旅廊坊。推进文旅公共服务和产业结构优化升级、扩大规模、提升质量，构建"大文旅"发展格局，推动文化和旅游融合高质量发展。发挥"区位＋交通"优势，构筑文化旅游发展新空间，优化文旅产业布局。在廊坊北部片区发展大运河文化旅游、在廊坊中部片区打造空港文化旅游休闲产业、在南部片区大力发展洼淀文化旅游生态，在廊坊全域构建旅游新格局。深度开发精品旅游线路，大力实施"文旅＋"战略，推动文旅产业跨界融合、资源整合。

第五，打造健康廊坊、平安廊坊。为了更好满足人民群众对美好生活的需求，高效推动区域经济社会发展，必须加快推进健康廊坊、平安廊坊建设。保障人民健康、平安是优先发展的首要战略，具体来说要在优化人口结构、应对人口老龄化、提高人民生活质量、发展医疗卫生公共事业等方面下功夫。不仅要着眼于廊坊本地，还要瞄准京津等其他重要城市的巨大市场，大力发展养老、康养产业，加快协同康养项目建设，培养树立康养品牌，打造新的发展亮点。此外，廊坊市要站在政治和全局的高度，抓好信访维稳、社会治安、风险防范、安全生产等工作，保障一方平安。

| 第五章 |

雄安新区：城市功能优化与能级提升

国家级新区是我国于 20 世纪 90 年代初期设立的一种新开发开放与改革的大城市区，是经国务院批准，具有重要战略意义的综合性功能区。中共中央、国务院于 2017 年 4 月 1 日宣布设立雄安新区，该决策是对北京、天津及其周边区域发展现状进行权衡后作出的重要历史抉择。雄安新区是继上海浦东、深圳经济特区后，在全国范围内又一个重要的国家级发展区域。雄安新区是千年大计，其理念是世界眼光、国际标准、中国特色、高点定位。

雄安新区的设立对于集中疏解北京非首都功能，构建京津冀地区的世界级都市圈，乃至优化全国城市群空间格局都有着重大的现实意义。本章第一节介绍雄安新区设立的相关政策、功能定位，第二节介绍雄安新区成立 6 年来，在规划政策体系建设、承接北京非首都功能、生态环境保护和智慧城市建设等方面的探索与取得的成果，最后辨析雄安新区承接北京非首都功能存在的问题并提出对策。

第一节　雄安新区概况

一、雄安新区的建设背景

多年以来，京津冀区域地区之间发展极为不均衡：一方面，京津两地人口膨胀，交通拥堵等"大城市病"突出；另一方面，京津周边地区发展较为落后，与京津两地相比呈现出较大的差距。京津冀协同发展不仅能够充分发挥京津地区的发展辐射效应，带动周边城市更好发展，同时也能够缓解京津地区的人口压力，解决城市面临的发展问题，提升城市宜居度。中共中央、国务院设立雄安新区这一部署决定是在衡量考察京津地区及周边地区发展问题后作出的一项重大的历史性选择，是具有全国战略意义的千年大计。2018 年 4 月，党中央、国务院批复《河北雄安新区规划纲要》（以下简称《纲要》）。《纲要》明确了雄安新区的战略地位、功能定位和发展要求，紧紧围绕统筹推进"五位一体"总体布局，协调推进"四个全面"战略布局，着眼建设北京非首都功能疏解集中承载地，创造"雄安质量"和成为推动高质量发展的全国样板。2019 年 1 月，党中央、国务院批复《河北雄安新区总体规划（2018—2035 年)》，在《纲要》基础上增加了承接北京非首都功能疏解、推进城乡融合发展、塑造新区风貌和打造创新发展之城，将雄安新区打造成一个"绿色、低碳、创新、发展"的未来之城。

雄安新区地处原河北省保定市辖区，位于北京、天津、保定三大城市的中心地带，其规划覆盖了河北省雄县、容城、安新三县及其周围部分地区。雄安新区的成立，将使北京的非首都功能得到有效疏解，从而为区域发展提供新的动力，吸引行业与人才集聚，优化城市空间布局。通过新区的建设也能够帮助分担北京、天津等地压力，具有深远意义。

雄安新区规划包括雄县、容城、安新三县，规划面积约 1780 平方千米（包括白洋淀水域），包括丘市镇、苟各庄镇、七间房乡、高阳县。其中容城县县域面积 314 平方千米，辖 5 镇 3 乡（容城县、南张镇、小里镇、大河镇、晾马台镇、贾光乡、八于乡、平王乡），127 个行政村。雄县县域面积 514 平方千米，辖 6 镇 3 乡（雄州镇、昝岗镇、大营镇、龙湾镇、朱各庄镇、米家务镇、北沙口乡、双堂乡、张岗乡），223 个行政村。安新县县域面积 728 平方千米，辖 9 镇 3 乡（安新镇、大王镇、三台镇、段村镇、赵北口镇、筒口镇、刘李庄镇、安州镇、老河头镇、圈头乡、寨里乡、芦庄乡），207 个行政村。新区全境为缓倾平原，地质条件稳定，生态环境优良，资源环境承载能力较强。拥有丰富的地下矿产资源和生物资源，地热资源潜力得天独厚，太阳能等可再生能源具有开发利用价值。新区地处北京、天津、保定腹地，交通便捷通畅，历史悠久，文化底蕴深厚。同时，也呈现出经济总量偏小、产业结构有待优化、生态环境急需治理等特征，目前，新区的开发强度较低，但发展空间大，具有高水平、高起点的基本条件。

二、功能定位

习近平总书记 2017 年 2 月在河北安新县调研，明确提出雄安新区是我国缓解北京非首都功能，推动京津冀地区经济社会发展的重要战略决策，为雄安新区的规划建设指明了方向。① 习近平总书记于 2018 年 2 月在中共中央政治局常务委员会上听取了新区规划编制进展的汇报并作出了关于雄安新区发展的重要指示。李克强在北京召开了国务院常务会议，审议了雄安新区的规划，并对此作出了明确要求。② 京津冀经济社会协调发展工作领导小组牵头组织，共同推进了新区规划和编制工作。《河北雄安新区规划纲要》根据党中央的要求和部署，经过了多次修订和完善。《河北雄安新区规划纲要》中明确提出："雄安新区作为北京非首都功能疏解集中承载地，要建设成为高水平社会主义现代化城市、京津冀世界级城市群的重要一极、现代化经济体系的新引擎、推动高质量发展的全国样板。"《纲要》进一步明确了雄安新区的功能定位和建设目标，即"绿色生态宜居新城区""创新驱动发展引领区""协同发展示范区""对外开放的先行区"。

---

① 河北雄安新区设立 [N]. 人民日报, 2017 - 04 - 02（01）.
② 中共河北省委、河北省人民政府. 河北雄安新区规划纲要 [N]. 人民日报, 2018 - 4 - 22.

绿色生态宜居新城区。雄安新区的发展绝不是以环境污染为代价的，习近平总书记在雄安新区中提出，要做好先行先试，重视地区业态协调发展，将绿色生态作为发展的重要基础。① 雄安新区的发展应当建立在绿色可持续基础上，避免传统城市建设中高楼林立的情况，应将城市宜居度放在重要地位，大力开展新区发展的同时更要坚持绿色发展理念，以地方自然条件为依据，确定了"科技、生态、宜居、智能"的发展路线，提倡人与自然的和谐共处。

创新驱动引领区。雄安新区的发展应当在科技创新的驱动下开展，应当明确雄安新区定位不是单纯为了缓解中心城市发展压力而形成的工业聚集区。习近平总书记强调，雄安新区的发展应当坚持创新驱动原则，实现各个业态的平衡发展。② 应将重心放在该地区的制度创新、科技创新中，打造新时代的城市发展范本，并通过发展吸引更多高新技术产业以及人才资源从而形成良性循环，打造京津冀体制机制高地和协同创新重要平台，实现双向互动和成果转化。

协调发展示范区。习近平总书记强调，雄安新区要发挥对冀中南乃至整个河北的辐射带动作用，实现城乡、社会经济、环境资源、环境的协调发展。③ 雄安新区作为协调发展示范区，应当通过自身发展逐步实现对北京、天津等城市发展问题的疏解，加强与京津城市之间功能的交流互动，利用中心城市的红利和辐射作用快速实现地区发展，并进而发挥对冀中南地区的带动辐射作用，实现地区发展差异之间的融合过渡，优化城市布局，发展公共服务，实现雄安新区与北京的协同发展，为中国创造新的城市活力。

开放发展先行区。当前中国经济发展迎来新常态，而雄安新区应当顺应世界发展，更加重视对外开放发展，在更高层次上提高经济发展水平。因此，在规划和建设过程中，雄安新区要与"一带一路"紧密结合，

---

① ② 习近平推动"未来之城"向未来［EB/OL］.（2022 - 04 - 02）［2023 - 05 - 07］. http：// www. qstheory. cn/qshyjx/2022 - 04/02/c_1128525940. htm.

③ 习近平总书记指引雄安新区规划建设的故事［EB/OL］.（2023 - 05 - 13）［2023 - 07 - 11］. https：//news. cnr. cn/native/gd/sz/2023 - 0513/t20230513_526250436. shtml.

提高自身的对外开放程度，并在经营方式上进行主动创新，从全方位提高对外开放程度，探讨国际化的对外开放机理，建立符合国际通行规则的投资贸易制度创新体制，培养出地区间的竞争合作新优势，建设新的对外合作平台，为促进京津冀地区的开放发展作出新的贡献。

规划建设雄安新区有七方面重点任务：第一，以绿色发展为基础，重视当地生态宜居性，打造现代绿色智慧城市。第二，避免传统城市发展弊病，重视生态环境的发展建造，构建当地良好生态环境，实现生态城市的打造。第三，发展高新产业，以高新产业为主驱动各项业态的开展，实现人才、高新产业的集聚，孵化创新成果。第四，注重民生工程建设，打造全新的城市治理模式。第五，建设一个快速、高效的交通运输网络，建设绿色体系。第六，要进一步深化制度创新和改革，充分发挥市场的主导地位，充分利用政府的调节职能，调动市场的积极性。第七，深化全面开放，努力建设新的开放高地，拓展国际交流的新平台。

正确认识雄安新区的功能定位，是进行雄安新区产业发展的基础和方向。按照中央的指示要求，河北省委、省政府对雄安新区进行了积极谋划，并根据发展需要，对雄安新区的发展和定位进行了总体安排，具体情况见表5-1。

表5-1　　中央及河北省委省政府文件中关于雄安新区产业发展的功能定位

重要文件	雄安新区重点产业内容
《河北雄安新区规划纲要》（2018）	发展新材料产业、高端现代服务业、新一代信息技术产业、现代生命科学以及生物技术产业、绿色生态农业等高端高新产业，打造全球创新高地
《河北雄安新区起步区控制性规划》（2020）	推动高端高新产业创新发展，落实创新驱动发展战略，积极承接北京非首都功能疏解，聚集全球创新资源，打造全球领先科技创新平台，加快创新能力建设。重点发展新一代信息技术产业、现代生命科学和生物技术产业、新材料产业、高端现代服务业等高端高新产业，为建设国际一流创新型城市、构建现代产业体系提供核心支撑
《河北省国民经济和社会发展第十四个五年规划和二〇三五年远景目标纲要》	以建设雄安新区带动冀中南乃至整个河北发展，启动区尽快形成高端产业核心集聚区、高端商务功能区，起步区加快构建城市发展骨架

续表

重要文件	雄安新区重点产业内容
《河北雄安新区条例》（2021）	重点承接八类包括在京高校及其分校、分院、研究生院，事业单位、国家级科研院所、国家重点实验室、国家实验室、工程研究中心等创新平台的北京非首都功能疏解。重点发展包括新材料、高端现代服务业、新一代信息技术、现代生命科学和生物技术、绿色生态农业等在内的六大高端高新产业

资料来源：《河北雄安新区规划纲要》（2018 年）、《河北雄安新区起步区控制性规划》（2020 年）、《河北省国民经济和社会发展第十四个五年规划和二〇三五年远景目标纲要》、《河北雄安新区条例》（2021 年）。

三、雄安新区与北京副中心功能共同点与差异

（一）共同点

《河北雄安新区总体规划（2018—2035 年）》（以下简称《雄安总体规划》）和《北京城市副中心控制性详细规划（街区层面）（2016—2035 年）》（以下简称《北京副中心控规》）的编制坚持高起点、高标准、高水平的要求，在京津冀协同发展领导小组统筹指导下，吸收了国外的成功经验，集合了世界上最优秀的专家，经过集思广益、深入论证、精心编写而成。

雄安新区与北京副中心都以承接非首都功能为重点，推进京津冀协同发展，为北京"一体两翼"发展格局的建设确定了法定蓝图和施工总图。除了总体要求之外，《雄安总体规划》和《北京副中心控规》都明确了疏解非首都功能的承接重点、深化了功能定位。高质量、高标准推动雄安新区和北京城市副中心规划建设，积极稳妥有序疏解北京非首都功能是京津冀协同发展战略首要的也是最核心的任务。两份规划都将打造绿色生态宜居城区作为首位发展定位，将"生态优先、绿色发展"作为城市空间组织和规划建设的首要原则。两份规划中都体现要始终坚持以人民为中心的发展思想，结合城市组团—社区的多级公共服务设施体系构建 30—15—5 分钟生活圈；大力发展公共交通，构建以公共交通、自行

车、步行为主导的绿色出行体系；构建多元化的住房保障制度，完善公平普惠的民生服务体系，增强人才吸引力，打造宜居宜业、可持续发展的现代化新城。同时，两份规划的指标体系对于指导其他城市规划具有示范意义，如大数据在城市精细化治理和应急管理中的贡献率、政务云服务覆盖率等，将引领城市未来发展方向。指标体系对于指导其他城市规划具有示范意义。《雄安总体规划》和《北京副中心控规》均给出了规划指标体系，如表5-2所示，从绿色、生态、智能、创新、宜居等方面对城市做了远景规划，有16个相同指标，指标目标接近一致。

表5-2　　《雄安总体规划》和《北京副中心控规》部分指标对比

	指标	雄安总体规划	北京副中心规控
创新智能	高速宽带标准	高速宽带无线通信全覆盖、千兆入户、万兆入企	Wi-Fi 覆盖率公共空间 100%
绿色生活	森林覆盖率（100%）	40	40
	起步区公园 300 米服务半径覆盖率（%）	100	500m 服务半径 100%
	重要水功能区水质达标率（%）	≥95	100
	雨水年径流总量控制率（%）	≥85	城市建成区≥80
	污水收集处理率（%）	≥99	污水处理率≥99
	新建民用建筑的绿色建筑达标率（%）	100	二星 100%，三星 50%
	细颗粒物（PM2.5）年浓度（μg/m³）	大气环境质量得到根本改善	大气环境质量得到根本改善
幸福宜居	15 分钟社区生活圈覆盖率（%）	100	100
	人均公共文化服务设施建筑面积（m²）	0.8	≥0.45
	人均公共体育用地面积（m²）	0.8	≥0.7
	千人医疗卫生机构床位数（张）	7	≥7.7
	规划建设区人口密度（人/km²）	≤10000	≤9000
	起步区路网密度（km/km²）	10~15	10（含绿道）
	起步区绿色交通出行比例（%）	≥90	≥80
韧性安全	人均应急避难所面积（m²）	2~3	紧急避难所≥2，固定避难场所、中心避难场所≥3

资料来源：《雄安新区绿色发展报告（2017—2019 年）——新生城市的绿色初心》。

（二）差异

虽然雄安新区与北京城市副中心在规划上有一定共同之处，但是国务院的批复中指出，雄安新区和北京城市副中心应建立不同的开发联系，防止同类现象的发生。雄安新区和北京副中心要在高起点、高标准、高质量规划引导下实现"一核两翼"错位发展，共同促进首都功能优化提升。

1. 疏解重点不同

北京副中心将以行政、办公、商业和文化旅游等为主要职能，并与其他职能相结合，使其成为一个完整的整体。利用市级党政机关和市属机关事业单位的迁移，来推动中心城区的其他有关职能（包括学校、医院等）以及城市人口疏解，推动符合副中心功能定位的企业总部等向副中心搬迁。

以雄安新区为重点承接地，疏解高校科研院所、高端医药科研院所、大型金融企业，通过新一代信息技术、绿色农业、高端现代服务、现代生命和生物技术、新材料等高端产业促进生产要素的合理有序流动，形成内在的发展动力。雄安新区更注重承接非首都功能疏解与自身发展的平衡，注重打造一流的硬件环境、优质的公共服务环境、便民高效的政务服务环境、改革开放的政策环境，营造出良好的承接环境，促进形成具有活力和持续发展能力的现代化产业体系。

2. 区域发展关系不同

从京津冀区域整体看，雄安处于石家庄（省会）、唐山（经济强市）、张家口（冬奥会城市）三地的中心，同时也是保定、沧州、廊坊三市交界。雄安新区的设立，改变了区域中重心偏东北的格局，对京津冀核心网络的构建意义重大。雄安新区兼具"疏解北京＋强化河北"的双重属性，是将北京、天津优质资源导向冀中南区域的关键节点，是撬动冀中南加快发展的核心支点。

北京城市副中心位于北京市域东部，在区域关系上一是要处理好和中心城区"主"和"副"的关系，实现以副辅主、主副共兴；二是要处理好和通州核心与拓展的关系，实现以城带乡、城乡共荣；三是要适当处理好与廊坊北部三县和东部地区协同发展问题，实现以点带面，实现区域联动；四是要处理好和雄安新区差异化发展关系，避免同构化，实现"一核两翼"共同促进首都功能优化提升。

3. 城乡融合边界不同

雄安新区要实现城乡协调、均衡发展，营造适宜居住的环境，重点推动新区边界内的城乡一体化发展，推进城乡基本公共服务均等化、要素配置合理化、基本权益平等化等。通过"一主、五辅、多节点"的城乡空间布局，构建城乡融合、功能完善的组团式城乡空间结构。"一主"指起步区，"五辅"指外围五个功能组团，"多节点"指若干特色小城镇和美丽乡村，构成有机联系的城镇网络体系。启动区率先发展、外围组团集约发展，逐步推进城镇化发展，引导合理的人口和产业布局，发展具有特色的小城镇。贯彻落实乡村振兴战略，将美丽乡村建设成为一个整体，推动农村三次产业融合发展。

北京城市副中心充分发挥其核心带动作用，处理好与通州区的拓展关系，提高城市副中心与拓展区发展的整体性和协调性，推进通州全区城乡协调发展、城乡要素平等交换。形成"城市副中心—亦庄新城镇新型农村社区"的新型城镇化空间体系，对小城镇进行分区、分类、分级，进行特色化发展，打造出一个美好的农村，建立起一个和谐共生的城乡关系，最终让城市与农村达到一个共同繁荣的状态，建设新型城镇化示范区，实现以城带乡、城乡共荣。

4. 雄安新区更强调国土空间的优化与管控

雄安新区所辖空间范围更大，在空间配置方面，应从国土空间、城乡空间、城市空间三个层次进行统筹安排。对全域生产、生活、生态三大空间进行全面协调，以"生态红线""永久基本农田""城镇开发边界"为主要内容，实行多规融合，构筑"蓝绿交织，自然和谐"的国土空间结构，使雄安新区的蓝绿比例保持在70%以上、远景开发强度控制在 30%。实现城市与乡镇统筹，逐步建立功能完善的组团式城乡空间格局，城市建设总体形成"北城、中苑、南淀"的城市组团空间结构。

《北京副中心控规》以中国传统城市规划理念、北京城市建设的历史、通州地区的地域文化为主要依据，构建北京副中心生产、生活、生态三大空间统筹发展，构建多组团、紧凑式发展的城市结构。在此基础上，形成"一带、一轴、多组团"的城市空间格局。

第二节 雄安新区承接非首都核心功能建设进展

《雄安总体规划》提出的近期建设目标：到 2022 年，38 平方千米的启动区基础设施基本建成，启动区作为承担首批北京非首都功能疏解项目落地、高端创新要素集聚、高质量发展引领、新区雏形展现的成效初步显现。白洋淀生态环境治理取得一定成效，白洋淀"华北之肾"功能初步恢复，新区城乡融合发展初见成效，建设了一批有特色的小镇和美丽乡村。雄安新区成立 6 年以来，一直在有序承接北京非首都功能疏解，加强同北京、天津等城市的融合发展，奋力打造协调发展示范区。按照《规划》，到 2022 年底，重点承接北京非首都功能疏解的启动区，全部建成"四梁八柱"，交通路网骨架成型，教育、文化、医疗等公共服务设施、生态景观体系基本形成。从雄安新区成立到现在，已经过去了 6 年，总体规划已经基本成型，大规模的拆迁和安置工作已经展开，并进行了大范围的开发和建设，已经为承接北京的非首都功能打下了前期基础。目前，雄安新区处于北京非首都功能承接与城市发展同步进行的阶段，新区立足建设发展面临的新形势、新任务，提出了"五新"目标，即"形成新形象、建设新功能、发展新产业、聚集新人才、构建新机制"。

一、承接北京非首都功能的规划政策体系日益完善

随着《河北雄安新区总体规划（2018—2035 年）》《白洋淀生态环境

治理和保护规划（2018—2035年）》相继获得批复，26个专项规划编制完成，雄安新区"1+4+26"的规划体系正式形成。所谓"1+4+26"的规划体系具体如下："1"是指《河北雄安新区规划纲要》——统领新区规划编制工作的纲领性文件；"4"是指《河北雄安新区总体规划（2018—2035年）》《白洋淀生态环境治理和保护规划（2018—2035年）》《河北雄安新区起步区控制性规划》《河北雄安新区启动区控制性详细治理规划》4个综合性规划，分别从雄安新区城市规划、白洋淀生态环境和保护、雄安新区起步区和启动区四个不同空间视角对雄安新区土地利用、建设发展、生态保护等作出了规划安排；"26"是指为了支撑新区和起步区规划所必需的防洪、抗震、智能城市、综合交通、绿色空间、产业、科技创新、综合能源、排水防涝、地下空间等方面问题，同步开展的26个专项规划编制与专题研究，具体如图5-1所示。

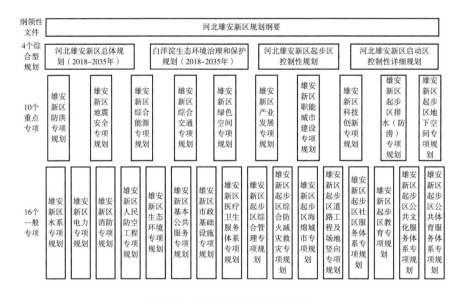

图5-1　雄安新区规划体系结构
资料来源：《雄安新区绿色发展报告（2017—2019年）——新生城市的绿色初心》。

（1）2018年4月14日，《河北雄安新区规划纲要》（以下简称《纲要》）已获中共中央、国务院批准，《纲要》对制定新区各级规划、形成规划体系具有重要的指导意义，是引导形成规划体系的准则和指南，也是引导新区规划和发展的根本基础，在规划体系中具有统领指导地位，各类规划需贯彻《纲要》提出的要求和理念，进行具体落实。

（2）根据《纲要》以及中央对《纲要》的批复精神，河北省人民政府编制了《河北雄安新区总体规划（2018—2035年）》（以下简称《雄安总体规划》），并于2018年12月25日，经党中央、国务院同意，正式批复。《雄安总体规划》是雄安新区第一部法定规划，是指导下一步控制性详细规划编制和统筹各专项规划的上位依据。

（3）《纲要》明确了白洋淀生态环境治理和保护的目标与任务。由中国科学院生态环境研究中心牵头，以《纲要》为基础，依法依规深化研究，形成了《白洋淀生态环境治理和保护规划（2018—2035年）》（以下简称《白洋淀规划》），并于2019年1月由河北省政府正式印发。

《白洋淀规划》是白洋淀生态环境治理和保护的顶层设计，对白洋淀生态空间建设、生态用水保障、流域综合治理、水污染治理、淀区生态修复、生态保护与利用、生态环境管理创新等进行了全面规划。作为雄安新区规划体系重要组成部分，《白洋淀规划》的编制为白洋淀生态修复和环境保护提供了科学支撑，也将为雄安新区可持续发展奠定生态之基。

（4）《纲要》中提出选择容城、安新两县交界区域作为雄安新区起步区先行开发。起步区是雄安新区的主城区和全面落实新发展理念创新发展战略的重点试验区，《河北雄安新区起步区控制性规划》（以下简称《起步区控规》）是介于《雄安总体规划》与《河北雄安新区启动区控制性详细规划》（以下简称《启动区控详规》）之间的管控型规划，具有承上启下的作用。

《起步区控规》包括总体要求、集中承接北京非首都功能疏解、构筑城市的空间结构与功能布局、塑造城市的特色风貌、营造优美的自然生态环境、建设安全绿色城市水系统、促进高新技术产业的创新发展、促进公共服务的优质共享、建设绿色高效的交通体系、打造城市绿化与智慧的基本建设、构筑现代安全保障体系和保障规划实施等12章内容。

（5）启动区是雄安新区率先建设区域，启动区规划面积 38 平方千米，其中城市建设用地 26 平方千米。《启动区控详规》是为了建设启动区，在充分满足《起步区控规》各种管控要求的基础上，为启动区建设进行详细管控的规划。

《启动区控详规》包括 11 章，对启动区的总体要求、空间布局与土地利用、蓝绿空间、城市设计、高端高新产业和智能城市、公共服务与住房保障、交通体系、基础设施、城市安全体系、全生命周期开发管理和规划实施等进行了详细规划。

（6）26 个专项规划。专项规划是针对国民经济和社会发展的重点领域与薄弱环节、关系全局的重大问题编制的规划，是全面计划的几个主要方面，是重点领域的扩展、深化和具体化。雄安新区的 26 个专项规划由 15 个新区级和 11 个起步区级专项规划组成，依据专项领域的重要性和紧迫性又分为 10 个重大专项规划和 16 个一般专项规划。

10 个重大专项规划在防洪、抗震、智能城市、综合交通、绿色空间、产业、科技创新、综合能源、排水防涝和地下空间等领域，对新区总体规划进行了深化、细化，提出了适应新区自然条件、符合新区功能定位的规划指标，支撑了新区韧性安全城市建设、蓝绿空间打造、绿色能源体系、绿色产业发展、科技创新及地下空间可持续开发等方面的规划编制。26 个专项规划充分体现了雄安新区规划建设生态优先、绿色发展的理念，为新区始终保持绿色低碳循环发展的理念，推动绿色低碳的生产生活方式和城市建设的运营模式，推动资源节约和循环利用等提出了具体的规划目标，对《雄安总体规划》进行了深化、细化，明确了雄安新区绿色低碳循环发展的分领域发展要求。

2023 年 6 月，习近平主持召开中共中央政治局会议，审议《关于支持高标准高质量建设雄安新区若干政策措施的意见》。[①] 会议提出，雄安新区的建设目前已进入高质量建设、高水平管理的新阶段，因此，为了

---

① 中共中央政治局召开会议 审议《关于支持高标准高质量建设雄安新区若干政策措施的意见》[N]. 人民日报，2023 – 07 – 01.

统筹推进雄安新区承接非首都功能承接的大规模建设，实现建设的高标准、高质量，必须制定出台出一系列的支持政策。

二、承接北京非首都功能和产业升级转移有序推进

（一）完善交通基础设施建设

雄安新区启动区是雄安新区的建设先行区与发展示范区，也是北京承接非首都功能转移的主要承载地，更是国家创新资源集聚的重点地区，同时也是国际金融开放合作的重点地区，肩负着彰显新区"雏形"的重任。截至 2022 年底，启动区"四梁八柱"基本完成，主要干线道路均已竣工通车，直达北京的快速通道在启动区建成，京雄高速公路和荣乌高速公路交会处的枢纽式综合立交及相应的交通基本网络框架逐渐形成；在 2020 年底，京雄铁路正式开通，从北京西站 50 分钟即可到达雄安；京雄商高铁、京雄高速，以及其他一些重大工程，都在有序推进中。主干综合管廊已经完工，支线管廊和水、气、暖等配套工程也将随着公路的建设而逐步完工，北部地区的教育、文化、医疗等公共服务设施也将基本落地建成。北部森林地带与两个山谷地带互相交错，初步形成了一个生态景观系统。①

（二）加快疏解企业注册登记服务，优化营商环境

当前，新区已进入"大开发"和"大建设"并进的关键阶段，要加速重大工程建设、促进启动区"出雏形、出形象"，就必须要在北京加速转移优质企业的背景下，优化营商环境。进一步加强对重点项目的对接，对重点项目实行"一站式服务"，改进"一书三证""一会三函"等线上审批程序。

全面精简审批程序，加速建立"新机制"。统筹"一会三函"制度，

---

① 资料来源：《河北雄安新区规划纲要》。

取消合并部分审批事项，投资项目"宜函则函、宜证则证"，将"一会三函"整合起来，对"能证就证"的企业投资项目探索告知承诺制，实施"先建后验"，实现"一拿地就开工"。同时，对建设工程的审批过程进行了进一步的改进，如"深化建筑师负责制，简化对新建工程的审批程序"。①

继续优化政府服务，以创建"雄安服务品牌"为目标。雄安新区加快了投资项目的审批速度，目前已经做到了政府投资项目不超过 30 个工作日，企业投资项目不超过 14 个工作日，企业投资备案项目"拿地就开工"。截至 2022 年，已经有 56 个项目在积极对接。新区及三县的所有行政事务都实现了在线办理，并与省住建、民政、人社等 11 个部门建立了联动关系。对工程建设审批系统、BIM 技术平台进行了升级，使全部审批事项都能在网上进行受理、审批。实施"首办制"，充分利用大部门的职能优势，对投资项目的企业，从土地的预审和选址、到设计方案的审查、到土地的供应、到施工许可的审批，从竣工验收到不动产登记，实行"保姆式"一站式服务。②

加快改革工程建设项目审批流程。持续深化"简政放权"和"优化服务"改革，全面推行"从立项到竣工验收"的全流程、全覆盖的审批制度。加快土地利用体制改革，为"新产业"的发展提供土地资源和要素支持。制定土地供应规划，优化市场化建设用地，实行土地预审、选址、划拨"一纸报批"，将原来的"串接"改为"并联"，实行规划用地挂牌出让，大大提高了土地配置的效率和收益。

雄安新区"中关村"科技园的发展规划加速制定，已有在京企业超过 1000 家于雄安注册。截至 2022 年底，北京"中关村"的高新技术企业已有 142 家分公司在雄安注册；此外，北京十多家国有企业积极投身到雄安新区的基础设施建设与生态环境治理，并通过金融服务为新区提供资金保障。③

---

①②③　资料来源：《河北雄安新区规划纲要》。

（三）承接北京教育功能疏解

中关村科技园管委会于 2017 年 12 月与河北雄安新区管委会签订了《共建雄安新区中关村科技园协议》，双方在该项目上达成了合作意向。按照战略合作框架，双方将本着"全球视野、国际标准、中国特色"的原则，整合全球科技创新资源、各类创新主体、创新要素，实现创新链、产业链、资金链等多个环节的有机融合。基于政策链的深度融合共同打造布局超前、制度完善、宜业宜创、引领未来的科技新城。2018 年 11 月 12 日，在容城县政府与中央民族大学附属中学、中国人大附中共建合作协议暨揭牌仪式上，中央民族大学附属中学、容城中学、容城镇一中、容城县沟西小学等正式签订了合作协议，并在容城县设立了中国人大附属小学雄安校区、中央民族大学附中雄安校区，这是在京各高校支援新区教育事业的一个新的开始。北京市"三校一院"（北京市北海幼儿园、史家胡同小学、北京第四中学、宣武医院）总承包工程正式拉开帷幕。雄安新区"三校一院"，是指北京市通过"交钥匙"的方式，全部投入建设的幼儿园、小学和完全中学以及综合医院；北海幼儿园、史家胡同小学、北京第四中学和宣武医院分别提供就学和就医支持，并在建设完成后将其委托给北京最好的教育机构和医疗机构来经营。北京市与河北省在 2019 年 10 月就"加快转移非首都职能""打造重点承接平台"等问题签订了合作备忘录。北京市与河北省双方还签署了《北京市人民政府 河北省人民政府关于进一步加强非首都功能疏解和重点承接平台建设合作协议》，中关村科技园区管理委员会与雄安新区管理委员会签订了《中关村科技园区管理委员会 河北雄安新区管理委员会加快建设雄安新区中关村科技园合作协议》。随后雄安新区管理委员会发布了《河北雄安新区积分落户办法（试行）》和《河北雄安新区居住证实施办法（试行）》，并于 2021 年 1 月 1 日开始对雄安新区的"积分落户"进行了试点，同时还对《河北雄安新区居住证实施办法（试行）》进行了修订。为了促进北京非首都功能区域的人口有序地向雄安新区集聚，对北京非首都功能区域的居民实行"积分"和"户籍"等政策,并将他们列入"户籍"系统,以确保对北京非首都功能外移人口实行"积分落户"与"人才落户"双线并行。①

在推进"三校一院"基础设施建设的过程中,还将重点关注制度和机制方面的基本问题,并对运行方式进行探索研究。坚持"一校一院一策",继续做好在京大专院校、医院搬迁工作。巩固拓展脱贫成果,深入推进京津冀地区教育卫生等领域的对口合作,统筹财政、人才和信息化系统部署,持续推进新区各项民生事业的发展,不断提升新区人民的幸福感。北京"三校一院"工程已全线完成,其中幼儿园工程在2021年底完成并移交给雄安新区,小学和中学的建设工程也在2022年7月正式完成"交钥匙"式交付,与此同时,北京也加大了对雄安新区29所学校的支持力度。②

(四)高端高新企业加快入驻雄安新区,促进传统产业转型升级

截至2021年4月,雄安新区本地累计新注册企业多达四千余家,其中资金来源地为北京的企业占比88%。高端制造业和高新技术企业方面,首批进驻服务中心的企业中有近24家来自北京,约占总量的90%。③ 此外,在京高校与企业、研究院等研发单位主体纷纷在雄安新区建设共享研发平台、实验室等创新基础设施,积极吸纳和集聚创新要素资源。其中,雄安新区与中国科学院共建雄安创新研究院,与清华大学谋划筹建了清华大学智能实验室等25个重大创新平台,共同助力雄安新区科技创新和战略性新兴产业发展。

雄安新区成立三个月后,采取了一系列措施来促进传统产业的转型升级。其中,取缔了一万三千多家"散乱污"中小微企业,以清理环境污染问题。另外,雄县塑纸包装协会与高等院校合作,共同建设了环保、

---

①② 资料来源:《河北雄安新区规划纲要》。

③ 王洪峰,王敏,张涛,等. 奋进,向着未来之城! 河北雄安新区建设发展两周年纪实 [EB/OL]. (2019−03−31) [2021−03−10]. http://www.xinhua-net.com/politics/2019−03/31/c _1124307055. htm? agt=5871.

高端、新兴包装材料产品研制基地。容城县则致力于将服装产业打造成为时尚朝阳产业，并与北京服装学院合作，建设了容城时尚产业园，以保留服装产业的高附加值环节。同时，安新县的制鞋行业疏解项目也在稳步推进，以吸引外地的鞋业小镇项目。这些举措表明，雄安新区在产业发展方面立足于创新驱动发展引领区的战略功能定位，既承接了北京疏解的高端高新产业，又推动了本地产业集群的转型升级，实现了传统产业的跨越式发展。

三、生态环境保护

（一）白洋淀治理恢复"华北之肾"

2017 年是白洋淀流域环境综合整治的开局之年，河北省印发了《雄安新区及白洋淀流域水环境集中整治攻坚行动方案》，提出要切实改善雄安新区及白洋淀流域水环境质量。同时确定了 10 项专项整治行动，重点对雄安新区城乡的生活垃圾及白洋淀流域上游两侧城乡垃圾进行无害化处理，全力推进"洗脸"工程，重点关注三县村庄内的各种废弃物，利用无人机航拍技术，同时结合组织人员实地排查，全力推进河道清洁专项行动。

2018 年作为环境综合整治攻坚年，重点推进了白洋淀流域水环境综合治理。雄安新区在唐河污水库一期工程污染治理、纳污坑塘、整治"散乱污"企业等工作方面，取得重大进展，新区生态环境得到明显改善。与 2017 年相比，白洋淀淀区水质有所好转，主要污染物总磷浓度、氨氮浓度同比分别下降 35.16%、45.45%，完成 606 个纳污坑塘和 5 条黑臭水体治理，强化 133 家涉水企业监管，封堵排污（排放）口 11395 个，清理河道垃圾约 130.9 万立方米，并深入开展对 13531 家"散乱污"企业再排查、再整治，切实抓好 378 家畜禽养殖综合整治工作，持续开展固废风险隐患排查和集中清理，稳步推进围堤围埝清理工作，白洋淀生态环境改善效果明显。同时，深入开展了"走遍雄安"生态文明教育实践活动，走访村庄 2 万余个次，共发现整改问题 11210 个，推动改善城乡环境。

2019 年是《白洋淀规划》实施的开局之年。2019 年初，河北省委、省政府下发《关于印发〈白洋淀生态环境治理和保护规划〉的通知》，对《白洋淀规划》的各项组织实施工作进行安排部署。根据《白洋淀规划》提出的近期治理目标，2019 年白洋淀生态环境治理将实施唐河污水库污染治理与修复、白洋淀上游入淀河流水环境综合整治、淀区内环境综合治理、淀外环境综合治理、生态补水配套工程、生态环境监测能力建设 6 大类 47 个治理项目。

2021 年，《白洋淀生态环境治理和保护条例》颁布实施，将城市规划管理、污染治理、防洪排涝等方面的成功经验转化为地方性法规，并提出补水、治污、防洪一体化建设的要求，为白洋淀高层次、高标准的生态环境治理与保护提供了重要的法律保证。根据中国环境监测总站公布的最新数据，2021 年白洋淀实现了整体水质为 Ⅲ 类的质量目标，其中化学需氧量、高锰酸盐、总磷三大关键参数较上年同期降低 16%。白洋淀自 2017 年开始，水质由劣 Ⅴ 类提高到 Ⅲ 类，这是白洋淀自 1998 年开始有监测记录后，第一次达到了全域 Ⅲ 类水，进入了国家良好湖泊的行列。白洋淀区域和上游流入淀区的河水，已经全部达到 Ⅲ 类及以上标准，从 2017 年度的劣 Ⅴ 类—Ⅴ 类—Ⅳ 类到 Ⅲ 类的连续跨越，为雄安新区的建设和发展奠定了坚实的生态环境基础。

2018 ～ 2021 年，白洋淀地区完成了 239 个重大的生态环境治理和保护重点项目，特别是在 2021 年，围绕 Ⅲ 类水质实现目标，开展了 9 个类别 66 项水质保证工程项目，明确了"一淀九河"的具体任务，并提出"一河一策"和"一断面一策"的具体要求。在已完成《大清河流域水污染物排放标准》的前提下，对 23 个城市的污水处理厂进行了全面升级，其中重点污染物实现了 Ⅲ 类重点区域的重点控制，远高于目前的工作要求，也远远超过了国家现行的污染物排放最高要求。截至 2021 年，全市城市排水系统 938 千米的雨水和污水分流工程已全部完工，"散乱污"企业已被取缔并动态清零，违法排污通道全部关闭。所有的水产养殖和大型畜禽养殖场全部退出雄安新区，576 个村庄实现了生活污水治理全覆盖，103 个淀中村和淀边村污水垃圾厕所一体化综合治理，实现了全收集、全处理。

（二）"千年秀林"奠定生态之基

2017 年 11 月，"千年秀林"植树造林项目启动，目标是打造异龄、复层、混交的以近自然林为主的森林体系，是雄安新区坚持"生态优先、绿色发展"理念的生动实践，是新区设立以来率先实施的重大基础建设项目，将为新区城市建设打好"蓝绿交织"的底色。"千年秀林"与白洋淀生态治理和环境修复共同构成新区"一淀、三带、九片、多廊"的生态安全格局，构建蓝绿交织、水城共融的城市空间，蓝绿空间占比稳定在 70%。其中，"三带、九片、多廊"指主要由"千年秀林"构成的绿色空间，"三带"是指构建环淀绿化带、环起步区绿化带、环新区绿化带，以实现组团之间、城淀之间、新区与周边区域之间的生态环境格局的优化；"九片"是指在城市组团之间及重要生态涵养区域内，以提高碳汇能力及维持其生物多样性的作用为目的的九片大型森林斑块；"多廊"是在新区内的主要河道及交通干线沿线旁，发挥护蓝、增绿、通风、降尘作用的绿色生态廊道。

雄安新区通过以"千年秀林"为代表的大规模植树造林，未来森林覆盖率将由现在的 11% 提高到 40%。根据规划性质、空间分布及空间形态，"千年秀林"可分为生态防护林和景观生态片林两种类型。其中，生态防护林包括环白洋淀及入淀河流的护岸防护林、环起步区和环新区的生态防护林以及沿新区河流和主要交通干道的防护林；景观生态片林为规划的九片大型森林斑块。

2017 年 11 月大清河片林一区造林项目开工，2018 年 4 月底完成苗木栽植工作，共栽植苗木 55 万余株，栽植 56 个树种，其中常绿乔木 6 种、落叶乔木 33 种、亚乔木 17 种、灌木 24 种，常绿落叶比为 4∶6。2018 年

3月10万亩苗景兼用林建设项目开工，4月底完成春季栽植工作，12月底完成秋季栽植工作。春秋两季共栽植苗木830万余株，栽植94个树种，其中常绿乔木14种、落叶乔木61种、亚乔木19种，针阔叶树种比例为3∶7。2018年11月秋季植树造林项目开工，12月底基本完成栽植任务，共栽植苗木86万余株，栽植64个树种，其中常绿乔木5种、落叶乔木17种、亚乔木9种、果树9种、灌木15种、实验林9种，常绿落叶比例约为3∶7。2019年3月春季植树造林项目开工，4月底基本完成栽植任务，共栽植苗木240万余株，栽植114个树种，其中常绿乔木8种、落叶乔木53种、亚乔木29种、灌木14种、地被8种，常绿落叶比例约为3∶7。

截至2022年3月，雄安新区累计造林45.4万亩、2300余万株，森林覆盖率由最初的11%提高到32%。根据新区生态建设要求，预计在2030年新区蓝绿空间占比大于70%，森林覆盖率达到40%以上，超过全国平均水平1倍。

（三）市政工程保障城市韧性安全

为有效解决容城县内涝问题，缓解城市"看海"现象，按照海绵城市建设理念，打造集"水、岸、滩、堤、路、景"于一体的大型开放式生态风光带，充分展现人与自然和谐共处的城市风貌，雄安新区于2018年启动了"容东片区截洪渠一期工程"项目，于2018年7月建设完工。

容东片区截洪渠一期工程位于荣乌高速北侧，西起容城大水大街，东至市民服务中心东段，为地下箱涵形式，断面为单孔至四孔，流向自西向东，远期与下游规划的景观明渠相接，最终排入白沟引河。截洪渠一期工程的主线长5.7公里、支线长985.6米，地下箱涵的断面从西至东逐渐变宽变高，单孔处断面为2500毫米×2000毫米，四孔处断面为3400毫米×2500毫米，整个涵道可以积蓄的雨水容量至少10万立方米。项目将容城城西污水处理厂的升级改造同步纳入实施计划，改造后的处理厂规模为每天4万立方米，污水处理厂将每天产生1.5万~2万立方米的空余量，处理储存在箱涵内的收集雨水。一期工程箱涵内雨水由提升泵站至津海大街新建泵站出水管线，管线上游与泵站出水管线相接，下游接入释放井后由 DV800 管线接入津海大街现况 DN1200 管线内，最终经污水泵站抽升后排入城西污水处理厂进行处理，实现了雨水资源的综合循环利用。后续新区将进行容城截洪渠二期工程，项目起点为市民服务中心，终点为白沟引河，计划新建约 10 千米截洪干渠（包括景观明渠段 3.5 千米、郊野明渠段 6.5 千米）、泵站及相关配套设施等。通过二期工程的实施，将进一步有效解决城市内涝及雨污水处理回用等问题。二期项目建设后，截洪渠不仅可以作为容城道路初级雨水存储处理设施，处理后的水还可作为景观用水，排入下游区域的景观明渠内，打造水城共融的城镇空间。另外，新区容城县政府开展了"容城县 2018 年环境整治提升工程"，主要包括了城区主干道排水管网疏浚工程、上坡菜市场雨污管网提升工程和道路容貌及排水设施整治工程等。工程的实施有效改善了县城整体面貌，优化了道路环境。容东片区截洪渠一期工程、县域地下排水管网疏浚、污水处理厂等工程实施，践行了雄安新区海绵城市建设理念，有效地解决了县域城市内涝问题，提高了水资源的综合利用效率。同时，截洪渠工程上预留空间建设城市绿道和景观节点，为城市居民提供休闲娱乐活动的场所，在节约了土地利用资源的同时，营造了人与自然和谐共生的城市空间。

四、打造智慧城市

雄安新区的智慧城市建设对于提升雄安新区城市治理水平具有重要的现实意义。智慧城市建设作为一种技术治理在城市生产生活中的集中应用，意味着新兴的互联网技术与现代城市社会治理的有机结合。这种互联网技术的运用在很大程度上拓宽了城市公共事务治理的空间范围，更为城市治理实现精细化创造了重要条件。通常而言，利用现代信息和通信技术对城市重大事务进行有效治理，可以缓解当前城市发展过程中存在的公共资源配置不合理和公共服务供给失衡的问题，并且能够进一步延伸公共资源和公共服务覆盖的范围。一方面，雄安新区进行智慧城市建设将会提升雄安新区的经济活动功效、提高社会运行效率、节约城市运营成本等；另一方面，智慧城市在实现城市精细化的治理过程中，能够为居民日常生活提供更加便捷的服务，尤其是为居民就业、教育、养老、医疗、社会保障等民生事项提供更加优质的服务，满足人们对生活质量和生命质量逐步提升的需求。

截至 2022 年上半年，雄安电信千兆网络覆盖近 600 个社区、18 万个家庭，在雄安城区全域完成千兆光网覆盖，实现了千兆网络进千家万户、千行百业。另外，雄安电信还推出了 FTTR 全光组网的五星宽带，由原先的光纤到户升级为现在的光纤到房间，实现了每个房间的网络全千兆。高速网络的全貌覆盖，为雄安打造智慧城市打下基础。

河北省第十三届人大常委会第三十次会议正式批准了《河北省数字经济促进条例》（以下简称《条例》），并于 2022 年 1 月 1 日正式施行。《条例》从数字基础设施建设、数据资源的开发和利用、数字产业化、京津冀地区的产业数字化、数字化治理，以及数字经济的协调发展、保障和监督等方面，规定和指导河北省数字经济发展工作，促进全省数字经济健康发展，培育经济增长新动能，从而加快建立现代化经济体系，推动地区经济社会高质量发展。在京津冀地区数字经济的协同发展，对新区提出了具体发展要求：河北雄安新区管委会应根据建设全国数字经济创新发展试验区的建设需要，在智慧城市建设、数字要素流动和体制机制创新等领域率先探索，形成引领数字经济创新发展的标杆城市。

"数字雄安"的建设任务，是在虚拟空间再造一座城，既要物理城市又要部署云端，用大数据来描绘雄安新区全生命周期的成长过程。与以往的智慧城市侧重于建筑、交通、水务等特定的行业或领域的智慧化相比，雄安新区以城市信息模型为基础，在数字孪生平台上将城市中的各个方面的专业数据进行集成整合，形成"规划一张图、建设监管一张网、城市治理一盘棋"的全新模式，将智慧城市引入数字孪生时代。

截至 2022 年 7 月，雄安已开发完成国内首个城市级区块链底层操作系统，并对外发布雄安新区智能城市标准。目前，雄安的"数字底座"已经打好，接入数据后可服务于智慧交通、智慧社区、城市管理等方面。在数字孪生城市的助推下，雄安未来的城市治理和公共服务将高效运行，城市治理将向"智"理升级，城市病有望被"智"疗。目前，海绵绿地、智能路灯、生态停车场、人脸识别无人超市、无人驾驶汽车等智能化应用正在雄安新区开始应用，前沿的人工智能科技推动智慧城市不断升级迭代，使其更高效运行、更具创新活力。

第三节　雄安新区现实功能与功能定位辨析

一、雄安新区承接北京非首都功能存在的问题

雄安新区在承接北京非首都功能上取得了的重大突破，但是也面临着诸多问题。例如，北京与河北经济发展水平之间的较大差异导致北京地区非首都功能无法遵循市场机制来自主疏解，而两地基础公共服务差距过大又导致雄安新区无法吸引高端创新技术人才，使雄安新区重点承接的功能与北京疏解的功能存在一定的错位。

（一）雄安新区经济发展与北京差距巨大

从产业化发展阶段来看，雄安新区目前尚处于中期阶段。而北京已经进入后工业化阶段，从产业结构来看，雄安新区以制造业工业为主，工业主导，而北京主要以高端科技服务业为主。在 2021 年，北京地区第三产业占 GDP 比例高达 81.7% 左右，与同期相比提高了 9.3% ，而河北第三产业占比仅为 49.5% 。从城镇化水平上来说，雄安新区正在从高起点规划向高标准发展阶段转变，但其城镇化率只有 61.1% ，而北京的城镇化率却达到了 87.5% 。按照国家的要求，雄安新区主要承接北京的非首都功能，但在承接地非首都功能对承接地基础的设备条件、市场规模

以及相关产业设施等要求较高，加之地区之间的经济发展水平差距较大，所以雄安新区在承接北京非首都功能方面将会受到现有条件的制约，不能通过市场机制来疏解北京的非首都职能。

（二）基本公共服务水平差距较大

北京具有高端的医疗设备、优质的基本公共服务体系。以高等教育现状为例，北京、天津以及河北地区三个省市 2019 年的高校数量分别为 93 个、56 个及 122 个。尽管从数量上来看，河北地区的高校数量远超过北京和天津。而北京有 26 所 211 高校和 8 所 985 高校，天津地区则有 4 所 211 高校和 2 所 985 高校。雄安新区在教育、社会保障以及医疗体系等方面具有较大的"短板"。所以，对于创新人才的吸引力尚显不足。

（三）疏解和承接的功能存在错位

当前北京、天津、河北三地发展的首要任务是有序疏解北京非首都功能。有序承接北京非首都职能，是雄安新区设立的基础起点和根本定位。然而，北京亟待疏解的"四大功能"和雄安新区承接的"五大功能"之间存在错位。《京津冀协同发展规划纲要》（以下简称《纲要》）指出，北京重点疏解四种类型的非首都功能，即高消耗型产业、区域性专业市场、区域性物流基地等第三产业，部分医疗、培训、教育等各类社会公共服务产业，以及部分行政性和事业性的服务机构及部分企业总部。《纲要》中明确提出，雄安新区重点承接承担五种类型的非首都功能，包括金融机构、事业单位、企业、医疗机构以及高等院校，鼓励承接高端制造业，但严控普通制造业和中低端的第三产业。由上述内容可以发现，北京地区疏解的非首都功能在一定程度上并非雄安新区所承接的对象，两者在承接以及疏解方面存在错位。在北京重点疏解的四类非首都功能中，高消耗产业、区域性第三产业并不是雄安新区的重点承接项目，而教育、医疗、培训等公共服务职能，以及行政、事业性服务部门都受到了区域经济体制的限制，目前，这些功能主要疏解到北京辖区之内和城六区外，疏解到雄安新区的难度较大。

二、雄安新区承接北京非首都功能的思考

雄安新区的根本定位是承接北京的非首都功能，这是一个庞大复杂的系统工程，也是一个极其重要的战略任务，能否顺利有序承接北京非首都功能对雄安新区的高水平和高品质建设有深远的影响。在未来的建设中，雄安新区需要加大和北京及周边区域的联系，加强公共服务设施建设，从而顺利承接北京疏解的产业和功能，充分发挥北京作为科技和创新的枢纽作用。通过市场和政府的协同作用，统筹推进雄安新区提升非首都核心功能承载地重点工程建设。

（一）加强规划和政策对接

雄安新区需要加强和北京在规划与政策上的对接，强化国家发展和改革委员会的协商机制以及各地政府之间的协调能力，打破地方政府之间的经济不平衡现状以及行政制度的约束。雄安新区是北京"一体两翼"中的重要一环，要进一步与通州对接，差异化、精准化地承接北京非首都职能，以达到两地之间的功能互补性。雄安新区以河北两翼为纽带，连接京津、京保石、京唐秦三大发展轴线，与"中部核心功能区""南部功能拓展区""东部滨海开发区""西北生态涵养区"共同形成"一体两翼"，引领京津冀城市群高质量协同发展。雄安新区必须强化其与周围地区的合作，以达到统一规划、统一负责负面清单、统一政策，共同推进地区产业布局和重大项目的建设。

（二）加快提高雄安新区基本公共服务水平

为更好地吸引更多的科技创新型人才来雄安新区工作，根据《河北雄安新区居住证实施办法》和《河北雄安新区积分落户办法》，对"两个

不低于"政策及特区人才政策进行深入研究和探讨。"两个不低于"的政策是指从北京到雄安新区的创新型人才所享有基本服务的水平不得比北京的水平低，其待遇也不得低于北京的薪酬水平，要合理引导创新型人才向雄安新区发展。既要增强人才吸引力，又要确保财政能够负担得起，并且在高考政策、子女教育、社会保障以及户籍制度等方面推出切实可行的创新政策。要以"三校一院"等标志性项目为主要抓手，引导北京优质医疗资源，以及文化、教育资源向雄安新区转移汇集，形成能与北京磁力相抗衡的反磁力中心，减小雄安新区与北京之间的公共服务差距。

（三）集中有序承接北京优质非首都功能

雄安新区作为非首都功能疏解的集中承载地，必须要找到其承接能力与北京需要疏解功能的结合点，制定出具体可操作的规划清单，解决好各类疏解问题，如疏解什么、往哪儿疏解、谁来承接以及如何承接等各类问题。雄安新区作为高质量发展的全国性示范点，必须要坚持高起点承接，进而形成高质量发展的新动力和现代化经济体系的新支柱。雄安新区是"未来之城"更是"千年大计"，必须要不断强化资源环境，提高产业的高门槛，优化新功能。作为制度创新的示范城市，雄安新区首先要在机制上进行先行创新，并将这些创新政策、制度和创新示范在新区建设中逐步落实，推进雄安新区提升非首都功能承载能力。构建创新政策和制度增强对北京非首都功能的吸引力，实现政策和制度上可复制、可推广的创新成果。雄安新区承接北京的非首都功能是一项系统性的复杂工程，必须要将眼光放长远，集中解决重点问题，采取先易后难的原则，制订明确的实施方案，平稳有序地推动非首都职能的集中承载区的规划和建设。

（四）明确分工，高效协同，打造"京雄保廊"产业良性循环微生态

中央对雄安新区的功能有明确定位，雄安新区在京津冀城市群和环

京津核心功能区的核心定位是北京非首都功能的集中承载地，在提出"一体两翼双引擎"发展新格局后，雄安新区功能更加聚焦。但是即使如此，一些北京需要疏解的非首都功能，雄安新区一地仍然无法承载，一些疏解产业也不符合雄安新区功能定位。因此，要协同保定、廊坊这些环京津核心功能区重要城市，按照各地区功能定位进行非首都核心功能再疏解，错位发展，打造"京雄保廊"产业良性循环微生态，如图5-2所示。

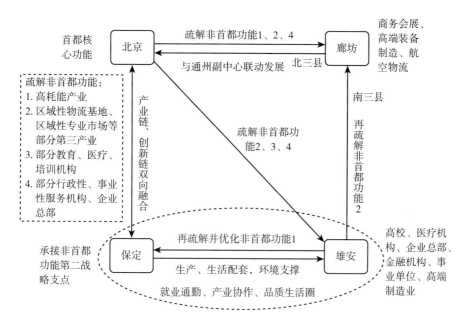

图 5-2 "京雄保廊"产业良性循环微生态示意

北京要疏解的非首都功能，包括一些高耗能产业，区域性物流基地，区域性专业市场，部分行政性、事业性机构，部分医疗、教育、培训机构等。其中，高端部分如高端制造业、教学科研机构、科技创新平台、高端医疗机构、金融机构、高端物流等产业功能，可以由雄安新区集中承载。同时，北京需要疏解的中低端产业和部分其他非首都核心功能由雄安新区向保定、廊坊进行再疏解。

保定市根据其经济功能、城市服务功能、生态功能的定位，要打造成为承接非首都功能第二战略支点。一方面，承接并优化雄安新区再疏解的部分产业，同时为雄安新区高端产业提供生产配套、生活配套和环境支持，与雄安新区共享共建，形成半小时就业通勤圈、产业协作圈、品质生活圈；另一方面，与北京主导产业链协同配套，建立京保产业内循环机制，吸引更多北京的科技创新成果在保定市孵化、转化，实现与北京的产业链、创新链双向融合机制。

廊坊市根据在环京津核心功能区中的定位，北三县与北京通州副中心一体化联动发展，南三县对雄安新区承接的部分产业，如高端装备制造、现代服务业、新材料、电子信息等战略性新兴产业进行再疏解，同时利用地理优势承接北京商务会展、航空物流等产业。北京、雄安、保定、廊坊根据各自定位明确分工、高效协同，共同打造"京雄保廊"产业良性循环的微生态。

第四节 城市能级提升的思考

雄安新区是继深圳经济特区和上海浦东新区之后又一具有全国意义的国家级新区。1986年，《上海市总体规划方案》批复后，浦东开发的定位由单一功能的工业基地，转变为发展工业、商业、金融和服务业等多种功能的大型都市。1992年10月，为了加强上海的都市功能，国务院批准成立上海市浦东特区。1992年，浦东新区城市规划提出以浦东新区为抓手，加快上海城市功能的国际化进程，建设成为国际经济、金融、贸易中心城市。浦东新区的开发并非城市空间上的简单扩展，而是上海在城市功能定位与城市空间格局两个层面转型，这种转型提升具有根本性意义。

规划和建设雄安新区是疏解北京非首都功能、缓解北京大城市病、破解中国改革困境的重要决策。为了提升雄安新区的经济社会发展质量必须首先提升雄安新区的城市能级，进一步提升雄安新区对周围地区的辐射带动力和综合影响力，这样才能为京津冀城市群高质量协同发展提供保障，从而为建设京津冀世界级城市群提供重要支点和强大驱动力。

作为城市群等级划分的重要依据，城市能级对于促进城市群协调发展、促进城市群经济和社会发展、增强其影响力等方面都有着十分重要的作用。城市群内部各城市的能级水平决定了城市群的发展水平，京津冀城市群的发展水平取决于区域内各城市的能级水平和协同程度。当前，京津冀城市群具有成为世界一流城市群的基本条件，但在规模、结构和功能等方面尚不完善，在规模、质量、管理等方面还存在着许多问题。雄安新区既是河北省的雄安新区，也是北京市的雄安新区，更是未来京津冀世界级城市群的雄安新区。为了明确雄安新区在京津冀高质量协同发展中的建设方向，本书提出五个雄安新区能级的发展方向：品质雄安、创新雄安、融汇雄安、韧性雄安、数字雄安（见图5-3）。

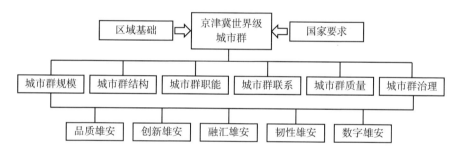

图5-3 建设京津冀世界级城市群视野下提升雄安新区能级发展方向

第一，要汇聚高水平创新型人才和高质量经济活动，建设品质雄安新区。目前京津冀城市群存在的问题是经济结构不合理，人口数量出现下降趋势，雄安新区应通过提高城市品质，吸引人才和高质量产业聚集，促进京津冀城市群形成产业协同、规模梯度合理的城市群体系。随着区域交通基础设施网络的不断完善，产业与人口之间的相互关系应该由以往的"人随业走"转换为"业随人走"。以高质量人才区域内的汇集带动当地高新产业的发展，进而提升城市和城市群的能级。因此，在一个相当长的时期里，雄安新区要把提升城市品质作为吸引人才、扩大产业、提升城市能级的重要策略。

地区品质主要包括生态环境、公共服务等方面。在生态环境方面，通过新旧动能转换把城市群的"绿水青山"转变为"金山银山"，培育生态型城市群。要把地区内的生态资本当作提升城市品质最重要的资本，在保护生态资本的同时，要最大限度地将生态资本有效转化为地区的生产资本和生活资本，将雄安新区打造成一个有可持续发展潜力的生态型品质城市。在公共服务领域，雄安新区作为北京非首都功能主要承接地，同时也是北京的"重要一翼"，要主动与北京对接，深化合作，积极承接北京的优质教育、医疗等资源，提升城市品质。

第二，加大创新资源的输入和输出力度，加快推进"科技之都"的建设，促进"科技之都"的发展。当前，京津冀区域的创新地位还有待提高，城市群内部的创新联系还不够紧密，因此，雄安新区要大力实施创新型发展战略，强化自己的地位，加大对创新的投资和输出力度，推动京津冀城市群功能向外向和高端化发展。以提高产业创新、自主创新、体制机制创新等为手段，推动新旧动能的转化，持续提升城市群的发展能级。以自主创新为主导战略，以科学发展为根本，以产业创新为重点，以体制机制创新为依托，聚集创新人才，提升国际竞争力。同时还要加大投入，集聚创新要素，健全创新体系，以科技支撑为引领，建立区域、国家乃至全球范围内辐射引领作用显著的创新型城市群。

第三，建设资源和要素流通转移枢纽，优化城市群内部的分工，建设融汇雄安。为了强化京津冀城市群的内部联系，加强城市群内部的分工，提高城市群协同发展的效率，雄安新区应加快融汇雄安建设，将其打造成各种资源、要素流动和转化的枢纽。在此基础上，积极探索新型的资源共享与协作方式，在要素市场管理机制上寻求突破创新，打破地区间的行政壁垒，使生产要素在城市群范围内实现优化配置。构建"代价共担""收益共享"机制，推进"基础设施""公共服务"的共建与共享，推进创新资源的有效配置与共享，推进区域环境联防联控，实现城市群的协同发展。一是充分利用雄安新区的区位优势，不断完善交通运输系统。二是以新发展理念为指导，强化与其他城市的空间分工。三是推动生产要素的集聚和流动，使物流、资金、信息流和旅游等在区域内自由集散。

第四，不断提高城市抵抗风险的能力，建设韧性雄安。从社会、经济、生态等角度，不断提高风险辨识能力和应对能力，提高城市面对抵抗风险的韧性。在经济方面，雄安新区需要不断培育城市的创新能力，为城市的发展提供内在动力。推动产业发展的空间溢出，实现发展成果共享。在社会韧性方面，要增强外来人口对雄安新区的认同感和归属感；增强城市包容性，提升社会整合力。在此基础上，进一步完善雄安新区的应急管理体制，提高政府对突发公共事件的应对能力。在生态方面，要提高对突发自然灾害的反应能力，建立起一套系统、完善的防灾避难体系，保证洪涝安全和水资源的供应。

第五，逐步实现城市治理数字化，建设"数字雄安新区"。在《河北雄安新区规划纲要》中明确指出，要把雄安新区建设成世界一流的数字城市，将其建设成"未来之城"。随着新科技革命的发展，实现数字化不但可以推动产业转型升级，还可以为城市现代化治理赋能。雄安新区要坚持"数字雄安"战略，为提升京津冀城市群能级发展做出示范。

| 第六章 |

"城市功能—城市能级"评估

随着数字经济快速发展、技术创新日新月异以及城市现代化步伐加快，城市功能不断变化、叠加并日臻完善。城市功能包括经济功能、产业功能、生态功能等，然而目前研究对于城市功能的分类并没有形成统一的标准。2012 年，党的十八大明确提出了"促进生产空间集约高效、生活空间宜居适度、生态空间山清水秀"的国土空间开发的总体要求，为科学划分城市功能提供了依据。基于此，本章从城市的生产、生活和生态功能（以下简称"三生"功能）出发，构建"生产功能—生活功能—生态功能"城市功能体系，绘制环京津核心功能区功能图谱。在此基础上，构建城市功能与城市能级的耦合模型，揭示城市功能优化与城市能级提升之间的耦合特征及作用机制，为进一步实现环京津核心功能区功能优化与能级提升研究提供实证支撑。

第一节 城市功能评价

本节阐明城市功能体系构建的理论基础，厘清城市空间"三生"功能的内涵及其内在逻辑关系，基于此，对构建的"生产功能—生活功能—生态功能"城市功能体系进行系统阐释。之后运用熵值法和比较优势指数对环京津核心功能区功能进行实证测度。值得注意的是，由于雄安新区相关指标数据无法获取，因此在实证分析部分，仅对保定市和廊坊市城市功能进行了实证测度与分析。

一、城市功能体系构建理论基础

（一）城市功能的分类研究

城市是一个包含经济、政治、文化、社会等方面功能的复杂系统。随着科学技术快速发展，城市现代化不断推进，城市功能趋于多样，复合多元功能叠加特征显著。国内外学者对城市功能的分类，经历了一个漫长的发展过程（见表6-1），主要从交通、经济、政治、生态、产业等方面对城市功能进行细分。尽管不同学者对城市功能进行了多维度的分类，但至今尚未形成统一的划分城市功能的标准。2012年，党的十八大明确提出了"促进生产空间集约高效、生活空间宜居适度、生态空间山清水秀"的国土空间开发的总体要求。2015年中央城市工作会议再次提出，城市发展要统筹生产、生活、生态三大布局，提高城市发展的宜居性。一系列政策文件的密集出台标志着城市发展由传统的生产功能转向生产、生活、生态功能协调发展，为科学划分城市功能提供了依据，对城市层面的实体空间布局、功能优化具有重要的指导意义。

表6-1 城市功能的分类研究

时间	学者/著作	分类
1933年	《雅典宪章》	居住、工作、游憩、交通等
1988年	吴郝	主要功能、基本功能
1990年	刘祁	主导功能、一般功能、基本功能
2004年	纪晓岚	养育功能、教育功能、生产功能、娱乐功能等
2005年	葛海鹰	经济功能、政治功能、文化功能、社会功能、生态功能
2014年	赵渺希、魏冀明、吴康	生产性服务业、一般服务业、制造业
2014年	闫程莉、安树伟	人口集聚、产业发展、吸纳就业、公共服务

时间	学者/著作	分类
2016 年	李广东、方创琳	生态功能、生产功能、生活功能
2016 年	张磊、武友德、李军、常翔	生产性职能、政策性职能、服务性职能、基础性职能等
2020 年	侯杰、张梅青	生产性服务功能、生产制造功能

因此，本书借鉴李广东等（2016）对城市功能的分类标准，从城市空间的生产、生活和生态功能三个维度对城市功能进行分类，并基于此构建城市功能指标体系，对城市功能进行评价与优化研究。

（二）"三生"功能内涵

"三生"功能的概念最早可以追溯到农业土地多功能利用的实践，后来逐渐发展到城市规划的理论与实践中。国外研究较少以"三生"功能这样的表述来定义城市空间功能，但其基本理念"有机城市""田园城市"等诸多经典理论与国内"三生"视角下的城市空间功能研究异曲同工。目前，关于"三生"功能内涵的研究较为统一，通过梳理前人已有的研究成果（李广东等，2016；黄金川等，2017；黄安等，2020；谢晓彤等，2021），本研究总结了城市空间"三生"功能的具体内涵及其相互关系。

城市空间"三生"功能是指生产、生活与生态功能，是"三生"空间内涵的具象表现。根据用途可将国土空间划分为生产、生活、生态（即"三生"空间），各空间承担的主导功能分别为生产、生活与生态功能（即"三生"功能）。生产功能是指人类依托城市空间进行社会生产活动，以获取物质产品或服务的功能，主要为人类提供各种产品和服务；生活功能是指城市满足人类基本物质生活和精神文化等方面需求的功能，为人类提供出行、消费、医疗、教育等方面的保障；生态功能是指生态系统对维持人类生存和维护环境安全的功能，主要是维护生态环境的可持续发展，保障人类日常生产生活环境。城市空间的"三生"功能相互影响，联系紧密（见图 6 - 1）。其中，生产功能是基础，是推动生活、生态功能变化的根本动力；生活功能是需求，是生产、生态功能的根本目的，能够促进生产功能的提升和生态功能的改善；生态功能是保障，为生产和生活功能发展提供重要的资源环境保障。

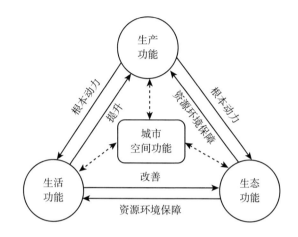

图 6-1 "生产功能—生活功能—生态功能"功能结构

二、城市功能指标体系构建

（一）指标体系设计原则

城市功能评价是一个大的命题，指标体系是否科学、合理，在一定程度上直接关系城市功能综合评价的准确性和合理性。在构建"生产功能—生活功能—生态功能"城市功能体系时，主要遵循以下几项原则。

第一，科学性和系统性原则。科学性是建立指标体系的首要原则，在构建"生产功能—生活功能—生态功能"城市功能体系时，选择的指标既要能够全面且准确地反映环京津核心功能区生产功能、生活功能和生态功能的特点，又要能够凸显三个功能之间的关系。本章构建的"生产功能—生活功能—生态功能"城市功能体系，系统科学地从城市的生产功能、生活功能和生态功能三个方面，对环京津核心功能区功能进行了刻画。

第二，典型性原则。在科学性的基础上，指标的选取要具有典型性。环京津核心功能区作为京津冀四大战略合作功能区之一，在构建指标体系对其城市功能进行综合评价时，指标的选取要重点突出环京津核心功能区的核心功能，能够体现其在京津冀协同发展中的功能定位。

第三，可比性和可操作性原则。为了保证评价结果的可比性，在构建评价指标体系时，要保证评价对象的各评价指标的数据信息是可比的，其数据的来源、计算方法、统计口径必须一致。此外，选取的指标要具有实用性，易操作，数据和信息来源简单、直观、明了，可以准确反映要测算的内容。

（二）指标体系设计逻辑

城市发展不能只考虑规模经济效益，必须把生态和安全放在更加突出的位置，统筹城市布局的经济需要、生活需要、生态需要、安全需要。城市功能的评价不能仅仅局限在经济、产业、交通等单一功能，应该包含对城市生产功能、生活功能、生态功能等复合功能的全面刻画。因此，本章从生产、生活和生态三个维度，构建了"生产功能—生活功能—生态功能"城市功能体系，从而对环京津核心功能区功能进行系统的客观评价。

1. 生产功能指标选取及依据

生产功能是指依托城市进行社会生产活动，以获取物质产品或服务的功能。现有研究多从农业生产、非农业生产、经济发展水平对城市生产功能进行划分（时新镇，2021；韦晨和侯国林，2020），结合环京津核心功能区发展实际情况和功能定位，生产功能一级指标下选取了经济发展和产业发展 2 个二级指标。其中，经济发展二级指标下包含 6 个三级指标，分别为地均 GDP、固定资产投资增长率、地方财政一般预算支出、客运量、货运量、城乡人均可支配收入，反映城市的总体经济发展水平。产业发展二级指标包含 5 个三级指标。产业经济是城市发展的主要经济支撑，对城市生产功能的实现有重要影响，而且随着产业经济的转型发展，现代商贸物流、高新技术等逐渐在产业发展中占据重要位置。因此 5 个三级指标分别设置为工业增加值，第三产业增加值，高新技术产业增加值，快递业务收入，交通运输、仓储和邮政业增加值，从不同侧面反映城市的产业发展情况。

2. 生活功能指标选取及依据

生活功能是满足人类基本物质生活和精神文化等方面需求的功能。根据生活功能的特点，生活功能一级指标下设置生活设施和生活服务 2 个二级指标。其中，生活设施二级指标反映了城市基础设施的供给能力，包括人均城市道路面积、高速公路通车里程、固定互联网宽带接入用户、供水量、供气量、城乡居民生活用电量 6 个三级指标，从不同侧面反映城市基础设施硬件水平和服务能力。生活服务二级指标主要反映城市服务居民日常生活需求和生活品质的能力。因此，该二级指标下，设置了教育支出占比、万人养老服务机构床位数、万人医疗卫生机构床位数、万人公共图书馆藏量 4 个三级指标，从教育、医疗、养老、文化基础设施等不同侧面反映城市生活服务指标。

3. 生态功能指标选取及依据

生态功能是指生态系统对维持人类生存和维护环境安全的功能。城市的生态功能可以通过生态承载能力、生态压力水平、生态净化能力三个方面来体现（徐磊，2018），因此生态功能一级指标下，设置了生态承载、生态压力和生态净化 3 个二级指标。其中，生态承载指标反映了城市生态系统的资源和环境对城市人口及经济活动的承载能力，可以通过城市绿地面积、建成区绿化覆盖率、空气质量优良天数比例 3 个三级指标从不同侧面来体现；生态压力水平主要选取了 2 个三级指标，包括工业二氧化硫排放量、可吸入颗粒物（PM2.5）年平均浓度；生态净化二级指标反映城市进行生态净化的能力，综合数据的可得性，选取了生活垃圾无害化处理率和污水集中处理率 2 个三级指标。

基于以上逻辑，遵循指标设计的科学性、系统性、典型性、可比性和可操作性等准则，构建包含生产功能、生活功能、生态功能 3 个一级指

标、7 个二级指标和 28 个三级指标的城市功能评价指标体系，如表 6－2
所示。

表 6－2　　　　　"生产功能—生活功能—生态功能"城市功能指标体系

一级指标	二级指标	三级指标	单位	指标属性
生产功能	经济发展	地均 GDP	万元/平方公里	+
		固定资产投资增长率	%	+
		地方财政一般预算支出	亿元	+
		客运量	亿人	+
		货运量	亿吨	+
		城乡人均可支配收入	元	+
	产业发展	工业增加值	亿元	+
		第三产业增加值	亿元	+
		高新技术产业增加值增长率	%	+
		快递业务收入	亿元	+
		交通运输、仓储和邮政业增加值	亿元	+
生活功能	生活设施	人均城市道路面积	平方米/人	+
		高速公路通车里程	公里	+
		固定互联网宽带接入用户	万户	+
		供水量	万立方米	+
		供气量	万立方米	+
		城乡居民生活用电量	万千瓦时	+
	生活服务	教育支出占比	%	+
		万人养老服务机构床位数	张/万人	+
		万人医疗卫生机构床位数	张/万人	+
		万人公共图书馆藏量	册/万人	+
生态功能	生态承载	城市绿地面积	公顷	+
		建成区绿化覆盖率	%	+
		空气质量优良天数比例	%	+
	生态压力	工业二氧化硫排放量	吨	－
		可吸入颗粒物（PM2.5）年平均浓度	$\mu g/m^3$	－
	生态净化	生活垃圾无害化处理率	%	+
		污水集中处理率	%	+

三、城市功能测度方法

（一）研究区域和数据来源

1. 研究区域

环京津核心功能区是京津冀四大战略合作功能区之一，包括保定市、廊坊市和雄安新区。本章以环京津核心功能区作为研究区域，构建"生产功能—生活功能—生态功能"城市功能评价指标体系，对"环京津核心功能区"功能图谱进行刻画。然而由于雄安新区于 2017 年设立，相关指标数据无法充分获取，因此在下面城市功能综合评价的实证测度部分仅包含保定市和廊坊市。

2. 数据来源与处理

研究所用数据主要来自《中国城市统计年鉴》（2016 ~ 2021 年）、《保定经济统计年鉴》（2016 ~ 2021 年）、《廊坊统计年鉴》（2016 ~ 2019 年），以及保定市和廊坊市国民经济社会发展统计公报。由于 2020 年和 2021 年的《廊坊统计年鉴》无法获取，个别缺失数据通过廊坊市科学技术局和卫生局等官方渠道获取。此外，为实现评价单元时间序列上的可比性，消除价格变动因素的影响，对原始数据中涉及的货币计量指标，均根据相应的价格指数以 2015 年为不变价格进行了调整。

（二）城市功能测度

熵值法是根据各项指标值的变异程度来确定指标权数的，客观的赋权方法可以有效避免人为因素带来的偏差。本节运用熵值法对环京津核心功能区进行功能指数评价，具体计算步骤如下所示。

1. 原始数据无量纲化处理

为消除指标之间的量纲差异，采用归一化的方法对原始数据进行标准化处理。

正向指标：$x'_{ij} = \dfrac{x_{ij} - \min(x_j)}{\max(x_j) - \min(x_j)}$

负向指标：$x'_{ij} = \dfrac{\max(x_j) - x_{ij}}{\max(x_j) - \min(x_j)}$

其中，x_{ij} 表示第 i 个样本第 j 项指标的原始数据值。在计算过程中，除工业二氧化硫排放量、可吸入颗粒物（PM2.5）年平均浓度为负指标外，其余均为正指标。

此外，由于在熵值法过程中会用到对数，为了合理解决数据标准化处理后出现的 0 值造成的影响，对标准化后的数值进行平移化处理：

$$y_{ij} = x'_{ij} + A$$

其中，y_{ij} 是平移后数值，A 为平移幅度，本节取 0.0001。

2. 确定指标权重

首先，计算第 j 项评价指标的熵值 E_j：

$$E_j = -\frac{1}{\ln m} \sum_{i=1}^{m} p_{ij} \ln(p_{ij}) \quad (i = 1, 2, \cdots, m; j = 1, 2, \cdots, n)$$

其中，$p_{ij} = y_{ij} / \sum_{i=1}^{m} y_{ij}$，为第 j 项评价指标下第 i 个样本占该项指标的权重。

接着计算第 j 项评价指标的差异系数 g_j：

$$g_j = 1 - E_j$$

最后计算第 j 项评价指标的权重 w_j：

$$w_j = \frac{g_j}{\displaystyle\sum_{j=1}^{n} g_j}$$

3. 计算城市功能综合评价分值

在前面步骤进行的基础上，计算第 i 个样本城市功能综合评价分值：

$$Z_i = \sum_{j=1}^{n} w_{ij} y_{ij}$$

样本综合评价分值 Z_i 越大，表明所研究的第 i 个样本城市功能综合发展水平越高。

（三） 城市功能专业化水平测度

本节引入比较优势指数来测度城市功能专业化程度。比较优势指数原是运用在国际贸易领域，反映一个国家（地区）某一产业贸易的比较优势的指标。此处引入此概念来测度各城市在不同功能上的比较优势指数，以反映城市的比较优势功能，说明城市的功能专业化水平，为后续环京津核心功能区功能空间优化奠定基础。

某城市在某项功能上的比较优势指数计算公式如下：

$$RCA_{ij} = (X_{ij}/Y_i)/(X_{wj}/Y_w)$$

其中，X_{ij} 表示 i 城市的第 j 项功能值，Y_i 表示 i 城市所有功能值之和，X_{wj} 表示所有城市第 j 项功能值之和，Y_w 表示所有城市所有功能值之和。通过比较优势指数与1的大小关系可以判断城市的比较优势功能。当 RCA 值大于1时，该城市该项功能具有比较优势，且数值越大，比较优势越明显；RCA 值小于1时，则表示不具有比较优势，且数值越小，比较劣势越明显。

四、城市功能的实证测度

（一） 城市功能综合评价结果

2015～2020年，保定市和廊坊市城市功能综合得分值除个别年份略有下降，整体处于增长态势，反映了保定市和廊坊市城市功能综合水平不断提升。从城市功能空间差异看，2015～2020年，保定市城市功能综合得分平均值为0.5042，明显高于廊坊市的0.4337。可以看出近些年保定市城市功能综合水平要优于廊坊市，两市城市功能综合水平较为不均衡。然而进一步分析动态变化趋势可以看出，廊坊市城市功能综合分值增速明显高于保定市，两市差距呈缩小趋势（见图6-2）。2015年保定市城市功能综合得分为0.4290，2020年增至0.6679，上涨幅度为55.70%，而廊坊市2015年城市功能综合得分0.2707，2020年增至0.5449，上涨幅度达101.29%。

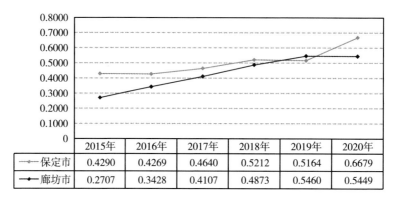

	2015年	2016年	2017年	2018年	2019年	2020年
保定市	0.4290	0.4269	0.4640	0.5212	0.5164	0.6679
廊坊市	0.2707	0.3428	0.4107	0.4873	0.5460	0.5449

图6-2　城市功能综合评价结果

总的来说，保定市和廊坊市作为环京津核心功能区的重要区域，虽然两市城市功能综合水平存有差距，但城市功能综合水平整体呈上升态势。未来很长一段时期内，环京津核心功能区将成为北京非首都功能疏解的主要阵地，而保定市和廊坊市城市功能综合水平的跃升将为环京津核心功能区精准承接北京非首都功能疏解和产业转移、精准打造发展平台和载体培育良好的发展土壤。

（二）"生产—生活—生态"功能评价结果

为进一步分析保定市和廊坊市在生产功能、生活功能和生态功能方面的表现，对2015～2020年保定市和廊坊市三种功能分值进行了计算，结果如表6-3所示。

表6-3　　　　　"生产功能—生活功能—生态功能"评价结果

年份	保定市			廊坊市		
	生产功能	生活功能	生态功能	生产功能	生活功能	生态功能
2015	0.1793	0.1899	0.0598	0.1615	0.0591	0.0501
2016	0.1978	0.1582	0.0710	0.1796	0.0921	0.0711
2017	0.1692	0.1833	0.1115	0.1767	0.1421	0.0919
2018	0.1745	0.2156	0.1310	0.1904	0.1939	0.1031
2019	0.1862	0.2063	0.1239	0.1975	0.2357	0.1129
2020	0.1968	0.3198	0.1513	0.2139	0.2109	0.1201

1. 生产功能分析

从生产功能上看，2015～2020年，保定市和廊坊市生产功能得分平均值分别为0.1840和0.1866（见表6-3），整体上保定市和廊坊市生产功能综合表现相差不大。然而，从动态变化趋势看，虽然保定市和廊坊市整体呈上升趋势，但保定市增速明显低于廊坊市，2017年廊坊市生产功能得分首次超过保定。2015年保定市生产功能得分为0.1793，2020年得分为0.1968，年均增速为1.88%。2015～2020年廊坊市生产功能得分则整体呈上升趋势，相比2015年，2020年廊坊市生产功能得分上升了0.0524，年均增速为5.78%。随着京津冀协同发展向纵深推进和雄安新区的加快建设，以及廊坊市立体化综合交通体系的不断完善，廊坊市"区位＋交通"的优势聚合突显，各种生产要素资源加速聚集，促进了廊坊市生产的开展。与廊坊市相比，虽然保定市同样属于京津冀中部核心功能区，但生产功能稍显薄弱，必须打破思维"窠臼"，创新谋划保定市发展定位，全面融入京雄保一体化发展。

生产功能下设置了经济发展和产业发展2个二级指标，进一步深入剖析可以看到，保定市和廊坊市在经济发展和产业发展水平上差距较为明显（见图6-3）。

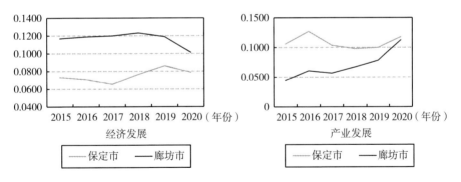

图6-3 "生产功能"下二级指标评价结果

首先分析经济发展。从经济发展水平的空间差异看，廊坊市经济发展水平得分要显著高于保定市。2015～2020年廊坊市经济发展得分平均值为0.1166，而保定市仅为0.0751。究其原因，虽然保定市GDP总量要高于廊坊市，但无论从行政区划面积还是从常住人口来看，保定市都明显超过廊坊市，这也使得保定市在地均 GDP 和城乡人均可支配收入方面要显著低于廊坊市。以 2020 年为例，2020 年保定市 GDP 为 3266 亿元，廊坊市为 2500 亿元，但保定市的行政区划面积却是廊坊市的 3 倍左右，而人口也几乎是廊坊市的 1.7 倍。从动态变化趋势看，2015～2019 年，保定市和廊坊市经济发展水平得分整体呈上升趋势。2020 年两市经济发展水平得分出现大幅度下滑，很大程度上是由于新冠疫情对经济发展带来的负面影响。两市客运和货运数据可以充分说明这一点。相较于 2019 年，2020 年保定市和廊坊市客运量分别减少了 0.4 亿人、0.08 亿人，货运量分别减少了 0.1 亿吨和 0.76 亿吨。

其次分析产业发展。从产业发展水平的空间差异看，保定市产业发展水平整体高于廊坊市。2015～2020 年，保定市产业发展水平得分平均值为 0.1088，而廊坊市为 0.07。从动态变化趋势看，2015～2020 年保定市产业发展水平整体变化不大，而廊坊市增速明显，两市产业发展水平的差距逐年缩小。2015 年保定市与廊坊市产业发展水平得分相差 0.0615，而 2020 年差距仅 0.0055，几乎持平。相较于廊坊市，保定市产业基础较为雄厚，产业发展水平整体高于廊坊市。以工业增加值为例，2015 年保定市工业增加值为 1248.67 亿元，而廊坊市仅为 928.31 亿元。而近些年廊坊市与保定市的产业发展水平差距逐年缩小，主要是受到保定市工业增加值增速放缓以及经济增长新动能尚未完全培育的双重影响。保定市要加快高新技术产业发展步伐，积极融入京雄保一体化发展，聚焦"医车电数游"、被动式超低能源建筑和都市型农业等七大主导产业，加快发展壮大主导产业，加速推进现代化品质生活之城建设。

综上分析，保定市和廊坊市生产功能得分呈逐年上升趋势，且相差不大。从二级指标来分析，廊坊市近些年来经济发展水平较为滞缓，经济发展得分增速不明显，保定市经济发展指标得分虽显著低于廊坊市，但增长趋势明显；保定市与廊坊市产业发展水平则整体呈增长态势，但保定市增速相较于廊坊市较为缓慢。由此可知，随着京津冀协同一体化深入推进,保定市和廊坊市的生产功能不断增强,高新技术产业、现代商贸物流业发展迅速,尤其是快递行业的发展。2015~2020年保定市和廊坊市快递业务收入分别增长了4.48倍和6.60倍,从而为环京津核心功能区承接北京高端制造业和战略新兴产业及配套设施等一般性产业创造了良好条件和基础。然而值得注意的是,虽然保定市和廊坊市产业结构转型升级取得阶段性成效,但创新型产业集群竞争力仍不够强、前沿高新技术产品基础薄弱、现代产业体系尚未完全形成等问题仍较为突出,这势必会对环京津核心功能区承接北京非首都功能,甚至京津一体化先行区建设等工作产生不利影响。

2. 生活功能分析

从生活功能看,2015~2020年,保定市生活功能得分平均值为0.2122,廊坊市则为0.1556(见表6-3)。除2019年外,2015以来保定市生产功能得分均高于廊坊市。从动态变化趋势看,保定市和廊坊市生活功能整体呈波动上升趋势,但廊坊市生活功能水平提升速度显著高于保定市。2015~2020年保定市生活功能得分年均增速为10.97%,而廊坊市为29%,说明2015~2020年保定市生活功能水平要强于廊坊市,但廊坊市生活功能水平提升速度高于保定市,保定市和廊坊市生活功能差距在不断缩小。

生活功能下包括生活设施和生活服务2个二级指标,总体上看,保定市和廊坊市在生活设施和生活服务水平上差异较为明显(见图6-4),接下来具体从生活设施和生活服务两方面来分析。

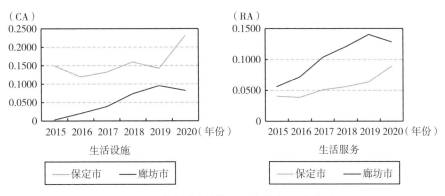

图6-4 "生活功能"下二级指标评价结果

首先分析生活设施。从生活设施水平空间差异看，2015～2020 年，保定市生活设施得分均高于廊坊市，6 年间保定市生活设施得分平均值为 0.1558，显著高于廊坊市的 0.0522。从动态变化趋势上看，除个别年份下降外，2015～2020 年保定市与廊坊市生活设施得分总体上是上升的。2015 年保定市生活设施水平得分为 0.1494，2020 年上升到 0.2310 分，提高了 0.0816 分。廊坊市生活设施水平得分则提高了 0.0793 分。近些年保定市和廊坊市城市基础设施建设日趋完善，但保定市城市基础设施建设总体上优于廊坊市，主要体现在高速公路通车里程、固定互联网宽带接入用户等方面。尽管如此，也不能忽视相比于廊坊市，保定市近乎其 2 倍的人口总数，从人均水平上看，保定市城市基础设施建设还有很长的一段路要走。

其次分析生活服务。从生活服务水平空间差异看，2015～2020 年，保定市生活服务得分平均值为 0.0564，低于廊坊市的 0.1034。从动态变化趋势看，除 2020 年廊坊市生活服务得分略微下降外，2015～2020 年保定市和廊坊市整体呈上升趋势，且相比于保定市，廊坊市生活服务水平得分上升幅度明显，增速较快。保定市生活服务得分从 2015 年的 0.0405 上升至 2020 年的 0.0889，上升了 0.0484 分，而 2015 年廊坊市生活服务水平得分为 0.0559，及至 2020 年达到 0.1286 分，上升了 0.0727 分。"十三五"期间，保定市和廊坊市生活服务水平不断提高，教育、医疗养老等社会保障方面不断优化，人民生活水平和质量有所提高。然而，保定市与廊坊市的生活服务水平仍存在差距，且差距在逐渐拉大，主要体现在万人养老机构床位数和万人公共图书馆藏量指标上。2020 年底，保定市拥有超过 900 万人口，老年人口占比近 20%，已经开始步入中度老龄化社会。"十四五"期间，保定市要将康养基地建设、养老服务提质增能、县乡村三级养老服务网络建设作为现代化品质生活之城建设的重要内容，进一步健全完善养老服务体系，积极推进医养结合、智慧养老等工作，为养老服务发展提供有力支持和保障。此外，应从补齐公共基础文化设施建设短板、完善公共文化服务体系、加强基层文化活动阵地和活动基础设施建设等方面着手布局，加快新型公共文化空间建设。

综上分析，保定市和廊坊市生活功能水平整体波动式上升。从二级指标得分来分析，保定市和廊坊市的生活设施水平和生活服务水平上升趋势明显，但两市存在较大差异，在生活设施水平上保定市具有明显优势，而在生活服务水平上廊坊市表现较好。环京津核心功能区承接北京非首都功能的主要任务之一，就是要疏解来自北京的部分教育、医疗和社会公共服务功能。京津冀协同发展以来，保定市和廊坊市生活基础设施不断完善，教育、医疗等生活服务功能不断增强，在基础设施建设、基本公共服务均等化等方面取得了阶段性成果。然而，环京津核心功能区在基础设施建设和社会公共服务等方面仍处在发展的初级阶段，和北京仍存在较大差距。未来如何进一步改善政策环境、优化产业生态，吸引北京优质资源落地环京津核心功能区，将成为下一步融入京津冀一体化发展的重要课题。

3. 生态功能分析

从生态功能看，2015～2020 年，保定市生态功能得分平均值为 0.1081，而廊坊市为 0.0915，保定市生态功能略优于廊坊市。从动态变化趋势看，保定市和廊坊市生态功能整体呈上升态势。2015～2020 年，保定市生态功能得分上升了 1.53 倍，廊坊市上升了 1.40 倍。由此可知，京津冀协同发展以来，河北省"京津冀生态环境支撑区"的定位要求得到有效落实，保定市和廊坊市生态环境有所改善，生态系统服务功能有效提升，区域生态环境支撑明显增强。

生态功能下包括生态承载、生态压力和生态净化 3 个二级指标。接下来具体分析保定市和廊坊市在生态承载、生态压力及生态净化方面的表现（见图 6 - 5）。

首先分析生态承载。从生态承载能力空间差异看，保定市生态承载能力要显著优于廊坊市，2015～2020 年，保定市生态承载得分平均值为 0.0649，高于廊坊市得分 0.0412。进一步分析动态变化趋势，可以看出

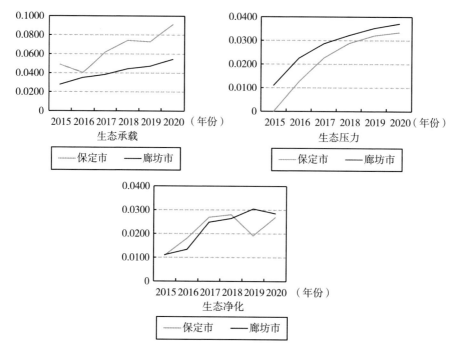

图 6 – 5 "生态功能"下二级指标评价结果

虽然保定市和廊坊市生态承载得分呈上升态势,但两市的生态承载得分差距在逐年扩大(除 2016 年)。2015 年保定市和廊坊市生态承载得分相差 0.0210 分,而 2020 年差距扩大到 0.0366。由此看来,近些年保定市和廊坊市生态环境承载能力不断提高。不过需要注意的是,保定市生态承载能力高于廊坊市,且两市差距在不断扩大。

其次分析生态压力。从生态压力水平空间差异看,廊坊市生态压力得分高于保定市,但相差不大。2015 ~ 2020 年,保定市和廊坊市生态压力得分平均值分别为 0.0216 和 0.0278。从动态变化趋势看,保定市和廊坊市生态压力得分虽然呈上升趋势,但上升速度逐年放缓。由此可知,京津冀生态环境协同治理下,保定市和廊坊市城市生态压力逐渐缓减,生态污染问题得到显著改善,但改善速度却逐渐放缓。"十四五"期间,作为京津冀区域绿色生态屏障建设的"主战场",保定市和廊坊市要继续坚定不移地推进生态屏障建设,不断调整产业结构转型升级,不断释放绿色高质量发展红利,实现生态保护和经济发展互利共赢,互促共进。

最后分析生态净化。从生态净化水平空间差异看,2015～2020年保定市和廊坊市生态净化水平得分平均值分别是0.0216和0.0225,差距不大。从动态变化趋势看,廊坊市2015～2019年生态净化得分逐年上升,2020年略微下滑。保定市2015～2018年生态净化得分几乎与廊坊市同步上升,但2019年生态净化能力出现跳跃式下降,2020年回升至2018年的水平。综合以上结果分析可知,虽然两市在个别年份生态净化水平得分出现下滑,但整体来看,近些年保定市和廊坊市城市生活垃圾处理与污水净化能力得到显著提升。

综上分析,保定市和廊坊市生态功能一级指标得分以及生态承载、生态压力和生态净化等二级指标得分,除个别年份外,整体呈上升趋势。可以看出,京津冀协同发展以来,保定市和廊坊市生态环境持续改善,生态保护修护工作持续推进,区域环境承载能力显著提升,生态文明建设取得显著成果,这将为环京津核心功能区承接北京非首都功能疏解,提供良好的生态空间保障。然而,京津冀地区的生态环境治理所面临的环境资源压力仍然巨大,正处在从量变到质变、从阶段性优良到常态化优良的关键时期。两市生态治理工作要积极主动地融入京津冀区域生态协同治理,为京津冀生态环境支撑区建设写下浓墨重彩的一笔。

(三) 城市功能专业化水平测度结果

在利用熵值法对保定市和廊坊市城市功能进行测度的基础上,本节进一步利用比较优势指数,测度2015～2020年保定市和廊坊市在生产、生活、生态功能上的比较优势,说明城市"三生"功能的专业化水平。

图6-6为2015～2020年保定市"三生"功能比较优势指数,从测度结果可以看出,2015～2020年保定市生产功能的比较优势指数始终低于1,不具备比较优势;生活功能指数除2019年外始终大于1,说明生活功能是保定的优势功能,但从动态变化情况看,保定市生活功能比

较优势指数整体呈下降趋势，2015 年保定市生活功能比较优势指数为
1.24，而 2020 年，虽然生活功能比较优势指数仍大于 1，却降至 1.09，
说明近些年相比其他功能，保定市生活功能有所下降；此外，保定市生
态功能近些年有所提升，2015～2016 年，保定市生态功能比较优势指
数小于 1，不具备比较优势，2017 年起保定市生态功能比较优势指数首
次超过 1，直至 2020 年该指数始终大于 1，生态功能成为保定市的优势
功能。

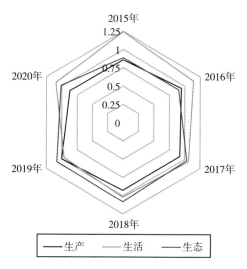

图 6 - 6   2015～2020 年保定市"三生"功能比较优势指数

图 6 - 7 为 2015～2020 年廊坊市"三生"功能比较优势指数。从测
度结果可以看出，2015～2020 年廊坊市生产功能比较优势指数始终大于
1，具有比较优势，从动态变化看，除 2015 年和 2020 年外，其余年份比
较优势指数和 1 相差不大，说明尽管廊坊市在生产功能上具有比较优势，
但比较优势不明显；2015～2020 年廊坊市生活功能比较优势指数整体上
看有所增加，2015 年比较优势指数为 0.61，2019 年增至 1.04，生活功能
成为廊坊市优势功能，但 2020 年指数降至 1 以下；廊坊市生态功能比较
优势指数近些年有所下降，2015～2016 年生态功能比较优势指数分别为
1.18 和 1.12，2017 年首次降至 1 以下，2018～2020 年均在 0.8 左右，变
化不大。

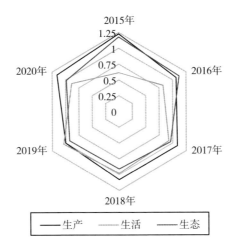

图 6 – 7 2015～2020 年廊坊市"三生"功能比较优势指数

  综合保定市和廊坊市"三生"功能比较指数变化情况，可知保定市由"生活功能"专业化城市逐渐转向"生活功能—生态功能"专业化城市转变，而廊坊市则由"生产功能—生态功能"专业化城市逐渐向"生产功能"专业化城市转变。环京津核心功能区的首要功能就是要承接北京非首都功能疏解，其中保定市在环京津核心功能区中的主要定位是"服务首都、对接京津、联动雄安"，依托其悠久的历史文化背景和优越的地理位置，将其建设成为品质生活之城，发展方向偏向生活和生态功能；而廊坊市则依托其京津走廊的优势，重点发展其"1＋5"主导产业，努力将其打造成全国现代商贸物流基地，发展方向更侧重于生产功能。保定市和廊坊市城市功能专业化的演变方向同环京津核心功能区建设中保定市和廊坊市的功能定位是相契合的。未来，两市应在提升城市功能综合水平的基础上，聚焦在环京津核心功能区发展中的功能定位，充分利用各自资源优势和产业优势，强化比较优势，进一步提升城市功能专业化水平。

五、结论

  本节构建了环京津核心功能区"生产功能—生活功能—生态功能"

城市功能评价体系，通过熵值法对保定市和廊坊市的城市功能进行了具体测算，并利用比较优势指数对保定市和廊坊市的功能专业化水平进行了分析，以进一步实现保定市和廊坊市的城市功能优化，主要有以下几点结论。

（1）2015～2020 年，保定市和廊坊市城市功能综合水平不断提升，虽然 2015 年保定市城市功能综合得分要高于廊坊市，但两者差距在不断缩小。保定市和廊坊市城市功能综合水平的跃升将为未来环京津核心功能区精准承接北京非首都功能疏解和产业转移，精准打造发展平台和载体，培育良好的发展土壤。

（2）从生产功能上看，保定市和廊坊市生产功能得分呈逐年上升趋势，且相差不大。具体从经济发展和产业发展二级指标看，保定市经济发展指标得分虽显著低于廊坊市，但增长趋势明显，廊坊市经济发展则稍显滞缓；保定市与廊坊市产业发展水平则整体呈增长态势。随着京津冀协同发展深入推进，保定市和廊坊市的生产功能不断增强，高新技术产业、现代商贸物流业发展迅速，尤其是快递行业的发展，为环京津核心功能区承接北京高端制造业和战略新兴产业及配套设施等一般性产业创造了良好条件与基础。然而保定市和廊坊市创新型产业集群竞争力仍不够强，前沿高新技术产品基础薄弱、现代产业体系尚未完全形成等问题仍较为突出。

从生活功能上看，保定市生活功能优于廊坊市，但廊坊市提升速度明显。具体从生活设施和生活服务水平看，保定市生活设施得分显著高于廊坊市，而生活服务得分与廊坊市存在差距，且差距有逐年加大趋势。京津冀协同发展以来，保定市和廊坊市生活基础设施不断完善，教育、医疗等生活服务功能不断增强，在基础设施建设、基本公共服务均等化等方面取得了阶段性成果。然而，环京津核心功能区在基础设施建设和社会公共服务等方面仍处在发展的初级阶段。

从生态功能上看，保定市生态功能总体略微优于廊坊市，两市差距不大。具体从二级指标看，保定市生态承载能力要优于廊坊市，而在生态压力和生态净化方面，两市表现差异不大。自京津冀协同发展以来，保定市和廊坊市生态环境持续改善，区域环境承载能力显著提升，生态文明建设取得显著成果，这将为环京津核心功能区承接北京非首都功能疏解，提供良好的生态空间保障。

（3）从城市功能专业化水平测度结果来看，保定市由"生活功能"专业化城市逐渐转向"生活功能—生态功能"专业化城市转变，而廊坊市则由"生产功能—生态功能"专业化城市逐渐向"生产功能"专业化城市转变。

第二节 "城市功能—城市能级"的耦合

环京津核心功能区在城市功能实现、城市功能优化中实现城市能级的跃升，进而有效支撑京津一体化发展先行区建设，是高标准、高质量推进雄安新区建设发展、打造京津冀世界级城市群及世界级科技创新中心的重要区域。新的城市竞争，不仅体现在城市实力，还需展现出城市对周边区域的影响力和辐射力，因此，对城市能级大小的研究越发重要。城市能级提升与城市功能完善是相辅相成、相互促进的，城市能级的提升有利于增强城市经济实力，促进城市产业结构优化，提高城市创新能力和资源配置能力，促进城市基础设施完善，优化城市发展环境。

一、城市能级内涵及研究动态

（一）城市能级内涵

现代量子物理学中的"能级"最早是由施祖辉（1997）和孙志刚（1998）引入区域经济展开研究的，用于研究"城市能级"。城市能级综合衡量了城市实力及其对周边城市辐射影响程度，是用以衡量城市集聚—分散程度的概念，集中体现该城市竞争力、影响力和辐射力（见图6-8）。

其中，城市竞争力由城市活力、城市潜力以及城市实力等因素构成，根据自身资源优势和功能定位，进行差别化发展。城市影响力是指城市对人口、经济规模以及资本、信息等要素的集聚能力，以城市规模和城市吸引力来衡量。城市辐射力是借以其影响力，引领和带动周边区域经济快速发展的能力，由辐射内容、辐射强度和辐射范围构成。城市影响力和辐射力受城市竞争力的影响，同时也是推动城市竞争力提升的必要条件。城市能级以经济实力、创新能力、开放程度和宜居环境等为主要构成要素。所以，城市能级提升，不仅使城市功能逐步完善，推动城市空间重构，包括城市经济实力的提升、城市基础设施的完善、城市创新能力的增强、城市发展环境的优化等方面，而且也有助于优化其所在城市群资源配置和空间拓展能力，提升区域经济实力。

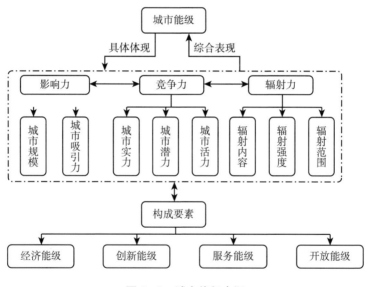

图 6 - 8　城市能级内涵

（二）研究动态

1. 城市能级评价的相关研究

20 世纪初，格迪斯（Geddes）首次将能级概念应用到城市研究中。随后彼得·克莱斯（Perter K. Kresl, 1999）对 1977 ~ 1987 年和 1988 ~

1992 年两个时期美国 24 个大都市区的城市能级进行评价。而国内是 20 世纪 90 年代由孙志刚等将能级应用于城市研究。在城市能级概念内涵方面，孙志刚（1998）、赵全超（2004）等从城市功能出发，认为城市能级是城市单项或多项城市功能对外界产生的影响，体现出城市综合实力对区域发展的影响。在城市能级评价方面，一部分学者以能级内涵为基础，构建综合评价指标体系，从经济角度以经济实力衡量城市能级水平。例如，赵全超（2004）从经济实力与发展、科技与教育、交通运输与邮电通信以及生活质量四个方面出发，运用主成分分析法综合评价我国三大城市群的城市能级情况。施祖辉（1997）运用指标对比法，从基本指标、经济指标、基础设施和生活环境四个角度构建城市能级综合指标，并着重体现城市的集散功能。方大春和孙明月（2015）、杨莎莎等（2017）通过构建城市能级综合指标体系，运用断裂点模型和经济场强模型对国内城市群城市能级进行对比分析。方应波等（2018）从经济能级、社会能级以及发展能级三方面构建珠三角城市群城市能级综合指标体系。叶南客和王聪（2019）从"全国—长三角—江苏省—南京市"四个维度分别与长三角区域中心城市的城市能级进行对比分析。

另一部分学者在全球化背景下，通过测算城市联系频度，评价城市网络中的联系能级，从城市网络中的支配和控制要素角度分析城市能级水平。例如，姚永玲等（2012）基于改进 TAYLOR 的"城市—企业数据矩阵"模型，计算北京和首尔在全球城市网络中的联系能级。刘江会和贾高清（2014）以 GaWC 研究小组的"嵌套网络模型"测度上海在全球城市网络中的联系能级。

2. 城市能级提升的相关研究

城市能级提升也是近年来学者关注较多的研究点。一方面，通过城市能级评价，发现不同城市的城市能级差距，进而提出提升措施。例如，伍江（2016）和张卫良（2018）等学者从城市功能角度出发，分析提升城市能级的机制与路径。熊励和孙文灿（2016）提出技术进步、人才、资金等要素以及互联网政策等都对城市能级提升至关重要。方创琳

（2018）提出依靠科技创新、生态资本、开放合作、协同联动和智慧产业促进城市群发展能级。张灏瀚（2006）通过对比国内城市群差异性，分析提升城市能级相应策略。另一方面，也有学者通过某一发展要素与城市能级相关性，寻求要素改进带动城市能级提升。例如，周振华（2005）和陈建华（2009）都认为现代服务功能对提升城市对外经济影响力及城市能级水平具有重要作用，前者的分析主要体现现代服务业有助于强化对外经济联系，为城市能级提升提供支撑；后者直接以现代服务业高附加值、边际效用稳定性等增强城市集聚性，扩大城市影响力，进而实现城市能级提升。余文凯（2016）从上海建设智慧城市角度出发，提出了提升城市能级的着力点。吕拉昌等（2013）从创新能级出发，对比分析三大都市圈的创新能级体系。

可以看出，城市能级研究与城市功能分析是相辅相成、相互促进的，城市能级提升不仅能够提升城市本身经济实力、促进产业结构优化，还可以提高城市创新能力以及资源配置能力，优化城市发展环境。从城市群内部来看，不同城市能级的提升，也有利于完善其所在城市群的空间结构，推进资源优化配置，促进区域功能完善。

基于此，本节将环京津核心功能区的城市功能与城市能级相结合，构建较为全面、合理的城市能级评价指标体系，从动态视角利用熵值法评价环京津核心功能区的各城市能级及演化趋势，然后从空间演化、时间演化两个角度探索该功能区的城市功能与城市能级耦合度和耦合协调度变化情况，进而为提升环京津核心功能区城市能级提供一定的借鉴意义。

二、城市能级评价模型的构建及评测

（一）城市能级评价内涵及指标体系

1. 城市能级评价的功能内涵

随着环京津核心功能区的提出，省内要素资源配置方式发生巨大变化，环京津核心功能区的各个城市进入新的竞争合作发展阶段。保定市作为国家历史文化名城、新兴科技城、创新驱动发展示范区和京津保区域中心城市，是国家重要的新能源和先进制造业基地、京南地区重要的综合交通枢纽、非首都功能疏解和京津产业转移重要承接地。廊坊市是京津冀发展主轴，也是雄安新区与北京副中心的两翼连线，更是京津冀协同发展、北京非首都核心功能疏解的一线阵地，是打造京津冀都市圈中现代制造业的重要基地。雄安新区不同于一般意义上的新区，其定位首先是疏解北京非首都功能集中承载地。保定、廊坊和雄安新区的高质量发展对于完善京津冀城市群新旧动能转换具有重要的战略意义。因此，对于环京津核心功能区城市能级评价也要从多角度考虑，借鉴量子理论和已有城市能级研究成果，城市能级一方面是指城市在一定区域范围内产生的集聚与扩散要素、辐射配置资源的能力，其越强表示城市对外影响力越强、辐射强度越大、范围越广；另一方面是指城市创造价值、知识和财富的能力，其能力越强表示该城市在区域发展中的带动力度越强，不仅体现在经济实力以及基础设施这些硬实力上，也体现在城市政治、文化等软实力方面。

环京津核心功能区城市能级提升，要重点抓好北京非首都功能疏解承接工作，打造与京津一体化发展先行区，进而有效支撑京津一体化发展先行区建设，一方面着力提升城市创新能力，包括基础研究、应用研究以及成果转化的各个阶段，并打通各环节壁垒，以科技创新助力产业经济的自我革新和自我更新，通过技术创新引领环京津核心功能区的产业升级，明确不同阶段科技创新的重点任务；另一方面提升城市资源配置能力，提升城市能级必须汇聚创新资本、信息资本等关键要素，通过汇聚高端人才等资源，发挥对创新链、价值链和产业链高端环节的控制能力以及关键资源配置能力；最后是提升城市综合服务能力，城市能级的提升务必提升经济服务能力，为承接非首都功能在社会服务方面提供更为优质供给、建设更为舒适的城市环境，形成具有影响力的高端服务业、生产性服务业以及消费性服务业，为疏解非首都功能提供更为优质的生态体系，提升整个环京津核心功能区的综合影响力。

2. 指标体系的设定

通过城市能级内涵、城市功能及提升目标的理解，构建京津冀协同发展背景下环京津核心功能区的城市能级指标体系，该体系由4个一级指标、12个二级指标和26个三级指标构成（见表6-4），具体指标如下。

表6-4 城市能级评价指标体系

一级指标	二级指标	三级指标	单位	指标权重
经济能级	经济水平	地均GDP	万元/平方千米	0.0695
		社会消费品零售总额	万元	0.0317
		公共财政收入	万元	0.0895
		固定资产投资增长率	%	0.0212
	产业结构	服务业增加值占GDP比重	%	0.0209
		工业增加值占GDP的比重	%	0.0368
	金融支持	地区年末金融机构存贷款余额	亿元	0.0532
		原保险保费收入	亿元	0.0249
创新能级	创新产出	每万人专利授权量	件/万人	0.0233
		高新技术产业产值增长率	%	0.0261
	创新投入	R&D支出占GDP的比例	%	0.0323
		R&D从业人员占比	%	0.0194
	创新潜力	科技型中小企业数量	家	0.0296
		高等院校在校学生数量	人	0.0175
服务能级	人居环境	生活垃圾无害化处理率	%	0.0122
		城市绿化覆盖率	%	0.0263
	医疗服务	万人医疗卫生机构床位数	张/万人	0.0396
		万人卫生技术人员数量	人/万人	0.0380
	养老服务	养老机构与服务设施数量	个	0.0235
		养老支出占财政支出比重	%	0.0959
	交通服务	交通运输、仓储和邮政业增加值	亿元	0.0568
		旅客运输周转数量	亿人/千米	0.0475
开放能级	城市开放	进出口贸易	万美元	0.0221
		实际利用外资占GDP比重	%	0.0914
		对外投资增长率	%	0.0232
	信息开放	万人互联网宽带接入用户数量	万户	0.0279

一是城市经济能级，主要体现为城市综合经济实力、现代产业体系建设以及金融支持情况等。高能级的城市都具有高密度的经济集聚特征，是城市发挥资源配置的基础支撑；现代产业体系是高技术含量、高效率、高配比的产业体系。因此，从经济水平、产业结构以及金融支持三个角度，选取地均GDP、社会消费品零售总额、公共财政收入、固定资产投资增长率、服务业增加值占GDP比重、工业增加值占GDP的比重、地区年末金融机构存贷款余额和原保险保费收入8个指标。

二是城市创新能级，主要体现在创新潜力、创新投入与产出情况，具体表现在创新资源要素的集聚程度、持续性创新能力。在环京津核心功能区中，能级越高的城市具有较强的创新能力，在该区域中也发挥重要作用，引领产业创新发展。因此，从创新投入、创新产出、创新潜力三个方面，选取每万人专利授权量、高新技术产业产值增长率、R&D支出占GDP的比例、R&D从业人员占比、科技型中小企业数量、高等院校在校学生数量6个指标。

三是城市服务能级，主要体现在居住环境、医疗、养老等不同社会服务的供给能力。城市服务能级是吸引城市发展所需人才的重要影响因素，积极推进满足不同层级需要的居住、医疗和养老基础设施，加快建设成熟的医疗服务、教育服务以及养老服务等，为环京津核心功能区承接北京非首都功能奠定基础。因此，从人居环境、医疗服务、养老服务和交通服务四个方面，构建生活垃圾无害化处理率、城市绿化覆盖率、万人医疗卫生机构床位数、万人卫生技术人员数量、养老机构与服务设施数量、养老支出占财政支出比重、交通运输、仓储和邮政业增加值以及旅客运输周转数量8个指标。

四是城市开放能级，主要体现为国际贸易和信息交流能力。城市深入融入区域经济建设的能力与水平，是城市疏解非首都功能、获取重要资源的重要支撑条件，因此，从城市开放和信息开放两个方面，构建进出口贸易、实际利用外资占GDP比重、对外投资增长率以及万人互联网宽带接入用户数量4个指标。

（二）测度方法及数据来源

对环京津核心功能区城市能级进行测度时，对所有指标进行无纲量化处理，并采用熵值法确定各指标权重，进而得到各相关城市的城市能级指数，并分层级地对城市能级进行评价。因雄安新区于 2017 年设立，相关指标数据无法充分获取，因此在城市能级评测部分仅包含保定市和廊坊市。

选取 2015～2020 年保定和廊坊相关数据加以分析，从而体现出城市能级的动态趋势，数据来源于 2015～2020 年《中国城市统计年鉴》《保定经济统计年鉴》《廊坊统计年鉴》《保定市国民经济和社会发展统计公报》《廊坊市国民经济和社会发展统计公报》。

（三）城市能级的分层测度分析

环京津核心功能区是京津冀城市群的重要组成部分，着重分析环京津核心功能区发展优势和不足，有助于进一步更好承接北京非首都功能，进而提升京津冀城市群发展质量。

1. 城市能级综合评价结果

2015～2020 年，保定市和廊坊市城市能级指数除个别年份外整体呈上升趋势（见图 6 - 9），反映环京津核心功能区城市能级在不断提升，城市影响力、集聚能力在不断加强。从城市能级空间差异来看，保定市和廊坊市城市能级区域分异差距较小，2015～2020 年保定市城市能级综合指数均值为 0.4404，稍低于廊坊市的 0.4519。可以看出，近年来保定市和廊坊市不断提升其在京津冀城市群中的影响力与辐射力。

进一步分析动态变化趋势，2017 年之前保定市和廊坊市增长率相近，两市差距较小。但从 2018 年开始，两市城市能级变动差异较大。其中，保定市城市能级指数从 2018 年的 0.4685 增加到 2020 年 0.5288，廊坊市城市能级指数由 2018 年的 0.5343 下降到 2020 年 0.4904。整体而言，保定市 2015 年的城市能级指数为 0.3191，2020 年增至 0.5288，上涨 65.72%；

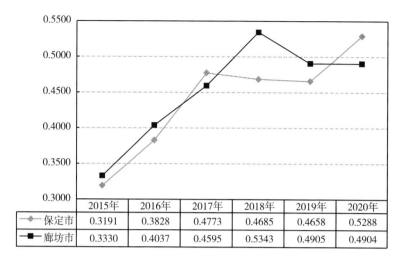

图6-9 城市能级综合评价结果

廊坊市2015年的城市能级指数为0.3330，2020年增至0.4904，上涨47.25%。

总体而言，作为环京津核心功能区，两市在城市能级指数发展上虽存有一定差距，但整体呈上升态势。未来一段时间，环京津核心功能区加强重点领域深度治理，积极搭建科技成果转移转化承接机制，加快推动产业结构、能源结构、交通运输结构的调整，提升该区整体影响力、竞争力和辐射力，为精准承接非首都功能提供有力保障。

2. "经济—创新—服务—开放"能级评价结果

为进一步分析保定市和廊坊市在经济能级、创新能级、服务能级以及开放能级等方面的表现，测算出2015～2020年保定市和廊坊市的"经济—创新—服务—开放"几个方面的能级指数，具体如表6-5所示。

表6-5   "经济—创新—服务—开放"评价结果

年份	保定市			
	经济能级	创新能级	服务能级	开放能级
2015	0.1062	0.0553	0.1331	0.0245
2016	0.1067	0.0847	0.1457	0.0457
2017	0.1105	0.0715	0.2552	0.0401

年份	保定市			
	经济能级	创新能级	服务能级	开放能级
2018	0.0919	0.0889	0.1663	0.1214
2019	0.0875	0.0789	0.1805	0.1189
2020	0.0894	0.0957	0.2154	0.1284
年份	廊坊市			
	经济能级	创新能级	服务能级	开放能级
2015	0.2118	0.0515	0.0375	0.0322
2016	0.2537	0.0705	0.0580	0.0214
2017	0.2366	0.0803	0.1088	0.0338
2018	0.2499	0.0579	0.0890	0.1375
2019	0.1607	0.0848	0.1162	0.1288
2020	0.1588	0.1147	0.1135	0.1034

在保定市和廊坊市城市能级比较方面，两市能级指数相差不大，但是细化到某一具体能级时，差异的显著性则较大（见图 6 – 10）。

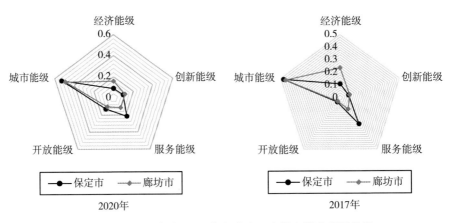

图 6 – 10　2020 年与 2017 年保定市、廊坊市城市能级比较

（1）经济能级分析。经济能级作为决定城市影响力、辐射力和城市能级的首要影响因素，不仅能反映城市发展水平、经济规模和增长活力，还可以体现环京津核心功能区在承接非首都功能时的承载力。

由表 6 - 5 可以发现,保定市经济能级由 2015 年的 0.1062 下降到 2020 年的 0.0894,下降率高达 15.83%;廊坊市经济能级由 2015 年的 0.2118 下降到 2020 年的 0.1588,下降率高达 25.03%。受新冠疫情影响,各市经济影响力和吸引力都不同程度出现下降。不过,虽然两市经济能级均存在不同程度下降,但整体来看,廊坊市经济能级仍显现出较强优势。2020 年保定和廊坊市经济能级指数分别为 0.0894 和 0.1588,就具体指标而言,保定市和廊坊市人均 GDP 分别是 42780.17 元和 60127.50 元,而地均 GDP 分别是 1688.08 万元/平方千米和 3895.99 万元/平方千米,同时,从公共财政收入、固定资产投资增长率、服务业增加值占 GDP 比重,到地区年末金融机构存贷款余额、原保险保费收入等经济能级指标,廊坊市都比保定市体现出明显优势。廊坊市区域经济增长势头较强,更易打造京津冀都市圈中的现代制造业重要基地,成为京津冀城市群核心区的重要节点城市,建成京津冀协同发展的先行区和示范区。

(2)服务能级分析。服务能级主要衡量城市在公共服务、居住环境、交通设施等对城市发展的支撑作用,也能体现环京津核心功能区疏解非首都功能的"软"实力。

从时序角度来看,2015~2020 年保定市和廊坊市服务能级虽有波动,但整体是处于上升趋势,保定市服务能级由 2015 年的 0.1331,增至 2020 年的 0.2154,增长率为 61.76%;廊坊市由 2015 年的 0.0375 增至 2020 年的 0.1135,增长率高达 202%。虽然廊坊市有如此高的增长率,但在服务能级方面保定市仍显现出较强优势。从具体指标来看,2020 年保定市和廊坊市的万人医疗卫生机构床位数分别为 61.67 张和 49.81 张;万人卫生技术人员数分别为 84.25 人和 67.13 人;养老支出占比分别为 5.62% 和 2.87%;交通运输、仓储和邮政业增加值分别为 121.59 亿元和 81.79 亿元,体现出保定市的服务功能日益完善,优质的服务供给已成为吸引高端人才的重要因素。由于疫情影响,旅客运输周转数量急速下降,但相对于廊坊市而言,保定市也体现强劲优势。可见,保定市为更好成为国家重要的新能源和先进制造业基地、京南地区重要的综合交通枢纽、非首都功能疏解和京津产业转移重要承接地展现良好服务实力，在承接首都部分行政事业单位、高等院校、科研院所和医疗养老等功能疏解的服务区方面具有一定优势。

（3）创新能级和开放能级分析。高能级城市以新旧动能转换驱动城市发展，通过提升自主创新、产业创新以及体制机制创新，实现新旧动能转换，持续推动城市发展能级提升。保定市创新能级呈波浪式上升趋势，由 2015 年的 0.0553 增长到 2020 年的 0.0957；廊坊市创新能级在 2018 年呈现断崖式下降，之后迅速回升，特别是 2020 年，创新能级指数升为 0.1147，优势明显强于保定市。就具体指标而言，2020 年廊坊市和保定市的每万人专利授权数分别为 18.06 件和 11.96 件，高新技术增长率分别为 6.1% 和 4.5%，R&D 支出占 GDP 比重分别为 0.13% 和 0.28%，体现出廊坊市创新基础较好，为其承接北京高新技术成果转化、战略性新兴产业和现代服务业聚集、科技研发创新成果转化等功能奠定基础（见图 6 - 11）。

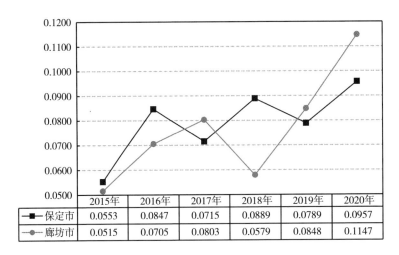

	2015年	2016年	2017年	2018年	2019年	2020年
保定市	0.0553	0.0847	0.0715	0.0889	0.0789	0.0957
廊坊市	0.0515	0.0705	0.0803	0.0579	0.0848	0.1147

图 6 - 11　保定市和廊坊市创新能级评价结果分析

开放能级体现城市的国际贸易和国际交流能力。保定市和廊坊市的开放能级水平相差不大，且整体呈现稳步上升趋势，增幅较大。特别是

2017～2018 年，保定市和廊坊市开放能级指数由 2017 年的 0.0401 和 0.0338，增至 2018 年的 0.1214 和 0.1375，增速分别为 203% 和 307%。受到新冠疫情影响，两市的开放能级指数从 2019 年开始趋于平稳（见图 6-12）。

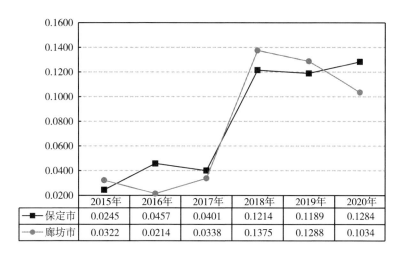

	2015年	2016年	2017年	2018年	2019年	2020年
保定市	0.0245	0.0457	0.0401	0.1214	0.1189	0.1284
廊坊市	0.0322	0.0214	0.0338	0.1375	0.1288	0.1034

图 6-12 保定市和廊坊市开放能级评价结果分析

（4）"经济—创新—服务—开放"能级的时序特征分析。根据 2015～2020 年保定市和廊坊市"经济—创新—服务—开放"能级指数，进一步分析保定市和廊坊市四维能级的时序特征。图 6-13 为 2015～2020 年保定市"经济—创新—服务—开放"能级指数时序图。从测度结果上看，保定市 2015～2020 年服务能级影响度始终居于首位，而开放能级在 2015～2017 年，但从 2018 年开始，开放能级跨越式增长，成为第二位影响力能级水平。经济能级在 2015～2017 年体现较强优势，但是 2018 年开始，经济能级与创新能级基本持平。

图 6-14 为 2015～2020 年廊坊市"经济—创新—服务—开放"能级指数时序图。测算结果显示，2015～2020 年廊坊市经济能级指数始终大于 0.1，影响力居于首位。开放能级 2015～2017 年影响力最弱，2018 年指数开始增长迅速，并与创新能级和服务能级持平。创新能级和服务能级指数在 2018 年之后均有上升。

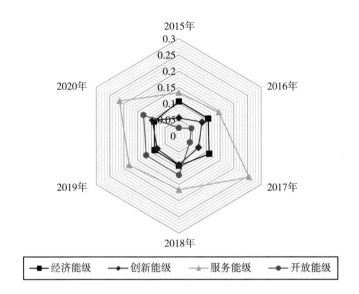

图 6 – 13　2015～2020 年保定市四维能级时序特征

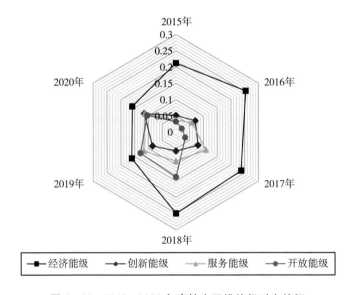

图 6 – 14　2015～2020 年廊坊市四维能级时序特征

　　环京津核心功能区经济能级、服务能级、创新能级以及开放能级体现出不同的空间特征和时序特征，综合保定市和廊坊市"经济—创新—服务—开放"能级指数变化情况，保定市服务能级发展显著，创新能级稳步提升；廊坊市为充分发挥"京津走廊"区位优势，抓住京冀共建北京新机场和临空经济区的有利时机，以生态、智能、休闲、商务为发展方向，大力发展现代服务业和战略性新兴产业以及与北京关联度高的产业，经济能级和创新能级优势明显。因此，在承接北京非首都功能过程中，环京津核心功能区需充分发挥不同城市的资源禀赋和发展优势，通过一体化发展，共同提升区域竞争力。

三、"城市功能—城市能级"耦合模型的构建及评测

（一）"城市功能—城市能级"耦合模型的构建

一方面，使用熵值法分别对城市功能系统和城市能级系统赋权，得到各系统每项指标权重。另一方面，根据综合指数法，通过计算综合指标的加权和，进而得到城市功能与城市能级两个子系统评价指数的方法，利用熵权法确定每个指数的权重后，加权求和得到城市功能子系统发展指数 U_1 和城市能级子系统发展指数 U_2。

1. 相对发展指数

相对发展模型使用环京津核心功能区城市功能与城市能级两系统的综合指数相比进行计算，具体公式如下：

$$E = U_1/U_2$$

其中，E 表示相对发展指数，反映城市功能与城市能级系统相对发展程度。U_1 和 U_2 分别表示城市功能综合指数和城市能级综合指数。参考任保平和巩羽浩（2022）的研究，将相对发展程度分为3类（见表6-6）。

表6-6 相对发展度等级分类

相对发展度	类型
$0 < E \leqslant 0.8$	城市功能发展滞后于城市能级发展
$0.8 < E \leqslant 1.2$	城市功能发展同步于城市能级发展
$1.2 < E$	城市功能发展超前于城市能级发展

2. 耦合度模型

构建本书的耦合度模型:

$$C = \left[\frac{U_1 \times U_2}{\left(\dfrac{U_1 + U_2}{2} \right)^2} \right]^{1/2}$$

其中,C 为城市功能和城市能级系统之间的耦合度,$0 \leq C \leq 1$,C 值越大,表明各系统之间协调关联性越好。参考相关文献[①],将耦合度分为 4 个等级(见表 6-7)。

表 6-7　　　　　　　　　　　耦合度等级分类

耦合度 C	耦合程度
0	独立阶段(子系统间未相互作用,彼此独立,未形成耦合)
(0.00,0.30]	低水平耦合阶段(子系统间相互作用力低,彼此耦合程度低)
(0.31,0.50]	颉颃阶段(子系统间相互作用力略有增强,彼此耦合程度较低)
(0.51,0.80]	磨合阶段(子系统间相互作用力较为明显,彼此耦合程度适中)
(0.81,1.00)	高水平耦合阶段(子系统间相互作用力强,彼此耦合程度较高)
1	共生阶段(子系统间完全相互作用,形成绝对耦合)

3. 耦合协调度模型

耦合协调度是衡量两个或两个以上子系统相互作用影响的程度,耦合作用和耦合协调程度决定了耦合系统的演化发展状况。环京津核心功能区的城市功能与城市能级耦合模型,是指城市功能系统与城市能级系统之间通过相互作用和联系产生协同放大效应,各子系统间整体协同效应大于子系统的单独作用。耦合系统协调度模型可表示为:

$$D = \sqrt{C \times T}$$

$$T = \alpha U_1 + \beta U_2$$

其中,D 表示耦合协调度,$0 \leq D \leq 1$,C 表示耦合度,T 为两个子系统的综合评价指数,α 和 β 为待定系数。考虑城市功能与城市能级系统间的依

---

① 曾鹏等. 中国城市群循环经济与对外贸易耦合协调发展的时空演变研究 [J]. 统计与信息论坛,2022(2).

存关系，认为二者同等重要，因此对于两个子系统的待定系数通常取0.5。采用廖重斌[①]的耦合协调度划分标准，将其分为10种协调类型（见表6-8）。

表6-8　　　　　　　耦合协调度等级分类及评价标准

协调程度	耦合协调等级	耦合协调度 D	耦合协调类型
失调衰退类	失调衰退	0.0~0.09	极度失调衰退型 I
		0.1~0.19	严重失调衰退型 II
	濒临失调	0.2~0.29	中度失调衰退型 III
		0.3~0.39	轻度失调衰退型 IV
过度类		0.4~0.49	濒临失调衰退型 V
		0.5~0.59	勉强协调发展型 VI
协调发展类	基本协调	0.6~0.69	初级协调发展型 VII
		0.7~0.79	中级协调发展型 VIII
	高度协调	0.8~0.89	良好协调发展型 IX
		0.9~1.00	优质协调发展型 X

（二）环京津核心功能区城市能级与城市功能指数对比分析

计算环京津核心功能区的城市功能与城市能级的发展指数，为更清晰展现这两系统指数之间的差距，以折线图的形式展现城市功能与城市能级在环京津核心功能区的发展差距（见图6-15和图6-16）。从整体来看，除个别年份，保定市城市功能指数大于城市能级指数，且在2017年之前差距在逐渐缩小；从2018年开始城市能级和城市功能指数间差距在扩大，说明保定市城市功能和城市能级的耦合系统并未向更高阶发展。而对于相对发展指数来说，保定市城市功能发展同步或超前于城市能级发展。从整体上看，城市能级和城市功能指数水平普遍偏低，例如，2015~2020年保定市城市功能指数均值是0.5042，城市能级指数均值是0.4404，增长速度有待进一步提升。

① 廖重斌．环境与经济协调发展的定量评判及其分类体系［J］．热带地理，2019（19）．

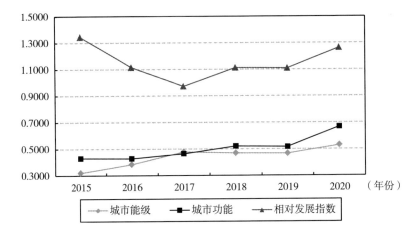

图 6 – 15　保定市城市能级—城市功能系统指数、相对发展指数对比

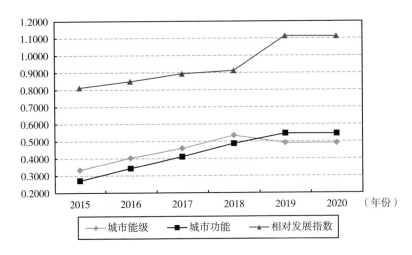

图 6 – 16　廊坊市城市能级—城市功能系统指数、相对发展指数对比

　　廊坊市 2015 ~ 2018 年城市能级指数大于城市功能指数，并且二者保持相对稳定的增速增长，从 2019 年开始城市功能指数发展超过城市能级指数发展，且 2020 年指数并未出现增幅变动，二者间耦合系统发展趋于稳定。就相对发展指数而言，廊坊市城市功能同步于城市能级发展。由此，体现了城市功能和城市能级的演化趋势同步不同速，城市功能不断完善也强化其城市能级水平。

（三）环京津核心功能区城市功能与城市能级耦合度及耦合协调度分析

1. 城市功能与城市能级系统间的耦合度分析

（1）城市功能整体与城市能级的耦合度分析。根据耦合度模型，测算出 2015～2020 年保定市和廊坊市城市功能与城市能级的耦合度，具体如图 6-17 所示。整体来看，目前环京津核心功能区城市功能与城市能级之间的耦合度处于高水平耦合阶段，且变动幅度较小，子系统间相互作用力度强。廊坊市子系统之间的耦合度水平是稳步上升，耦合度均值为 0.9976，最小值是 2015 年的 0.9947，最大值为 2018 年的 0.9989；保定市子系统间的耦合度水平呈现先递增后递减的趋势，耦合度均值为 0.9963，其中最小值是 2015 年的 0.9892，最大值为 2017 年 0.9999。由此表明，近 6 年来，保定市和廊坊市城市功能与城市能级系统相互作用程度较高且较为稳定，城市功能的发展有效推动城市能级的提升，同时城市能级的提升也进一步促进城市功能的发展。环京津核心功能区城市功能与城市能级耦合度高，并且不存在明显的空间分布不均衡特征，两个系统达到良好的相互促进阶段。

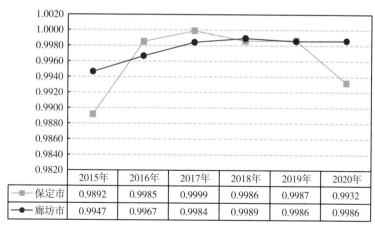

	2015年	2016年	2017年	2018年	2019年	2020年
保定市	0.9892	0.9985	0.9999	0.9986	0.9987	0.9932
廊坊市	0.9947	0.9967	0.9984	0.9989	0.9986	0.9986

图 6-17 城市功能与城市能级发展的耦合度分析

（2）城市功能各单个功能子系统与城市能级发展的耦合度分析。为进一步分析保定市和廊坊市生产功能、生活功能与生态功能各子系统与城市能级间的相互作用情况，测算出 2015～2020 年保定市和廊坊市"三生"功能与城市能级耦合度，具体如表 6-9 所示。

表 6-9　　环京津核心功能区城市功能各子系统与城市能级耦合度分析

年份	生产功能—城市能级		生活功能—城市能级		生态功能—城市能级	
	保定市	廊坊市	保定市	廊坊市	保定市	廊坊市
2015	0.9598	0.9379	0.9673	0.7153	0.7291	0.6744
2016	0.9479	0.9233	0.9097	0.7778	0.7264	0.7136
2017	0.8791	0.8958	0.8955	0.8496	0.7836	0.7453
2018	0.8893	0.8802	0.9292	0.8840	0.8265	0.7364
2019	0.9034	0.9047	0.9225	0.9364	0.8147	0.7799
2020	0.8891	0.9197	0.9692	0.9172	0.8319	0.7950

首先是生产功能与城市能级发展的耦合度。2015～2020 年保定市和廊坊市生产功能与城市能级发展的耦合度均值分别为 0.9114、0.9103。整体来看，保定市和廊坊市耦合度差距不大，并处于高度耦合阶段，生产功能的逐步完善有效推动两市城市能级的提升，同时城市能级提升又促进生产功能完善。从动态来看，保定市耦合度呈现波浪式下降趋势，最小值是 2017 年的 0.8791，最大值为 2015 年的 0.9598；而廊坊市耦合度是先递减再递增的过程，最小值为 2018 年 0.8802，最大值为 2015 年的 0.9379。由此可知，在观测期内，虽然耦合度波动明显，但环京津核心功能区经济发展水平的提高促进了城市能级进一步发展（见图 6-18）。

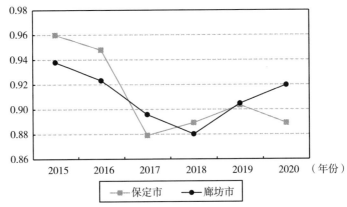

图 6-18　2015～2020 年保定市和廊坊市生产功能—城市能级发展耦合度

其次是生活功能与城市能级发展的耦合度。2015～2020年保定市和廊坊市生活功能与城市能级发展耦合度均值分别为0.9322、0.8467。从时序影响来看，保定市耦合度一直处于高水平耦合阶段，生活功能与城市能级相互作用力度更强，彼此间耦合程度高；廊坊市耦合度由磨合阶段逐渐转入高水平耦合阶段，生活功能与城市能级间相互作用力较为明显，彼此耦合程度从适中转变为彼此相互作用显著，耦合程度高。从动态角度分析，保定市耦合度呈现先递减后递增的"U"型特征，最小值是2017年的0.8955，最大值是2020年的0.9692；廊坊市耦合度呈现逐年递增变化特征，最小值是2015年的0.7153，最大值是2019年的0.9364。整体而言，除2019年外，保定市生活功能与城市能级发展间的耦合度均高于廊坊市耦合度，保定市生活功能与城市能级协调适配度高于廊坊市的水平（见图6-19）。

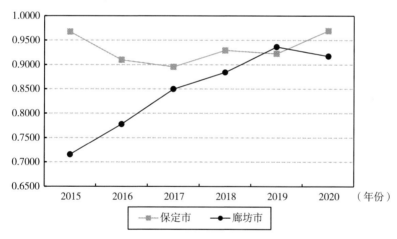

图6-19 2015～2020年保定市和廊坊市生活功能—城市能级发展耦合度

最后是生态功能与城市能级发展耦合度。2015～2020年保定市和廊坊市生态功能与城市能级发展耦合度均值分别为0.7854、0.7407。从时序影响来看，保定市和廊坊市耦合度均由磨合阶段迈入高水平耦合阶段，生态功能与城市能级间相互作用由较为明显转为效果显著。从动态角度分析，保定市和廊坊市耦合度均呈现出递增趋势。整体而言，2015～2020年保定市生态功能与城市能级耦合度高于廊坊市的水平，说明随着生态环境

的持续改进和环境承载力的显著提升，保定市城市能级不断改善，保定市
生态功能与城市能级间的良性互动优于廊坊市水平（见图6-20）。

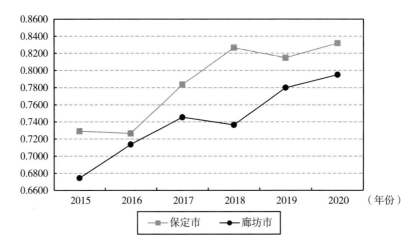

图 6-20　2015~2020 年保定市和廊坊市生态功能—城市能级发展耦合度

因此，随着环京津核心功能区的提出，以及京津冀协同发展平稳向好，
城市功能与城市能级耦合发展处于或逐步迈入高水平发展阶段，初步实现
良好协调，但是也不能放松相关政策和环境因素的协调，要深度挖掘保定
市和廊坊市的要素禀赋优势，从而有力推动城市功能与城市能级迈向更高
水平耦合阶段，为承接北京非首都功能搭建更优化条件、提供更优质服务。

2. 城市功能与城市能级耦合协调度分析

根据耦合协调度模型，对环京津核心功能区 2015~2020 年城市功能
与城市能级进行耦合协调度分析，用以反映耦合系统的整体协调水平。

（1）时序特征。根据表 6-10，2015~2020 年保定市的城市功能与
城市能级耦合协调度处于协调发展的基本协调类型，并分为两个阶段：
2015~2017 年为第一个阶段，为初级协调发展型，耦合协调度从 0.6083
增长到 0.6860，该阶段受京津冀协同发展影响，城市功能与城市能级提
升相互作用较为显著，城市功能的完善能拉动城市能级水平提升；自
2018 年开始，耦合协调度大于 0.7，进入第二阶段，即中级协调发展型。
2015~2020 年廊坊市的城市功能与城市能级耦合协调度由过渡期迈入协

调发展中的基本协调类型,并分为三个阶段:2015 年为第一阶段,属勉强协调发展型,耦合协调度为 0.5479;2016～2017 年为第二阶段,处于初级协调发展型,耦合协调度从 0.6099 增加为 0.6591,此时城市功能与城市能级具有显著相互作用;第三阶段是从 2018 年开始,耦合协调度大于 0.7,迈入中级协调发展型。由此,说明在环京津核心功能区提出之后,各地在保证经济发展的情况下,同时注重城市功能与城市能级水平提升,城市功能的进一步完善推动城市能级水平显著突破,城市能级的不断提升也进一步促进城市功能完善。因此,保定市和廊坊市在近 6 年间,城市功能由初级协调于城市能级转变为中级协调,为今后环京津核心功能区发展打下良好基础,更好地实现城市功能与城市能级的耦合协调发展。

表 6 – 10 保定市和廊坊市 2015～2020 年城市功能
与城市能级耦合协调度及类型

年份	保定市		廊坊市	
	耦合协调度	耦合协调类型	耦合协调度	耦合协调类型
2015	0.6083	Ⅶ	0.5479	Ⅵ
2016	0.6358	Ⅶ	0.6099	Ⅶ
2017	0.6860	Ⅶ	0.6591	Ⅶ
2018	0.7030	Ⅷ	0.7143	Ⅷ
2019	0.7003	Ⅷ	0.7194	Ⅷ
2020	0.7709	Ⅷ	0.7190	Ⅷ

另外,综合考虑城市功能及"三生"功能与城市能级耦合协调度(见图 6 – 21、图 6 – 22),保定市城市功能与城市能级耦合处于基本耦合协调阶段,其中,生活功能与城市能级耦合协调水平较高,经历"濒临失调衰退—勉强协调发展—初级协调发展"三个阶段;生产功能与城市能级耦合协调水平次之,经历"濒临失调衰退—勉强协调发展"两个阶段;生态功能与城市能级耦合协调度水平最低,经历"轻度失调衰退—濒临失调衰退—勉强协调发展"三个阶段。2015～2020 年廊坊市城市功能与城市能级耦合协调度经历"勉强协调发展—初级协调发展—中级协

调发展"三个阶段，其中，生态功能与城市能级耦合协调水平经历"轻度失调衰退—濒临失调衰退"两个阶段；生产功能与城市能级耦合协调水平经历"濒临失调衰退—勉强协调发展"两个阶段；而生活功能与城市能级耦合协调水平经历"轻度失调—濒临失调衰退—勉强协调发展"三个阶段。所以对于环京津核心功能区来说，在进一步稳定生产功能与生活功能的基础上，更应该注重和加强生态功能与城市能级间的协调发展。

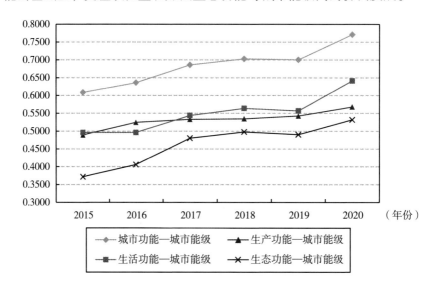

图 6 - 21　保定市城市功能—城市能级耦合协调度时间演变

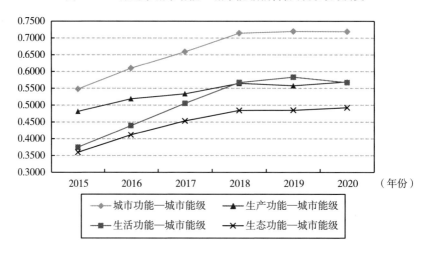

图 6 - 22　廊坊市城市功能—城市能级耦合协调度时间演变

（2）空间特征。研究期内，保定市城市功能与城市能级耦合协调度均值为 0.6840，廊坊市耦合协调度均值为 0.6616，体现出保定市耦合协调度水平高于廊坊市的水平，可能原因是保定市城市功能较廊坊市来说更为完善，对城市能级的影响更大，耦合协调度水平较高。整体来看，两市城市功能与城市能级耦合协调度稳步提升，但具有一定分异性。图 6-23 显示，2015～2017 年以及 2020 年保定市耦合协调度水平高于廊坊市，2018～2019 年廊坊市水平高于保定市，但耦合协调度水平均在 0.8 以内，处于基本协调范畴，整体协调水平有待进一步提升。因此，在环京津核心功能区各城市应进一步重视城市功能完善，强化城市功能与城市能级的协调性，实现以城市功能促进城市能级提升、以城市能级提升带动城市功能发展的双向互促效应，实现城市功能与城市能级更高水平的协调发展，进而促进环京津核心功能区城市能级提升，为更深层承接非首都功能提供有利条件。

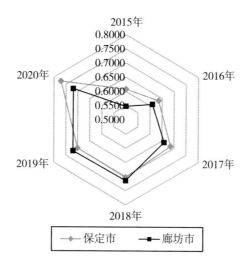

图 6-23　保定市和廊坊市城市功能—城市能级耦合协调度对比

城市功能中生产功能—生活功能—生态功能分别与城市能级间的耦合协调特征能反映城市功能各子系统与城市能级间相互作用的情况，进一步揭示环京津核心功能区各城市功能与城市能级相互作用方向和程度，为区域调节城市能级和确定城市功能完善的重点领域提供参考依据。

图 6 – 24 ~ 图 6 – 26 分别表征保定市和廊坊市的生产功能、生活功能、生态功能与城市能级耦合协调度的时空演变特征。

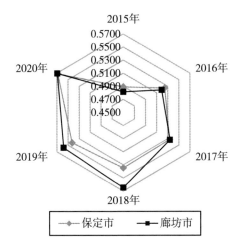

图 6 – 24 保定市和廊坊市生产功能—城市能级耦合协调度对比

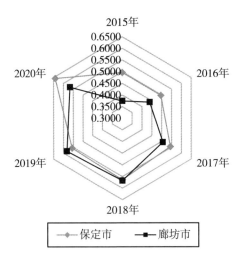

图 6 – 25 保定市和廊坊市生活功能—城市能级耦合协调度对比

首先是保定市和廊坊市生产功能—城市能级耦合协调度。2015 ~ 2020 年保定市和廊坊市生产功能与城市能级耦合度均值分别是 0.5320、0.5377，空间差异较小，但整体协调度水平偏低，处于勉强协调发展期，仍有较大提升空间。具体而言，2017 ~ 2020 年廊坊市生产功能—城市能

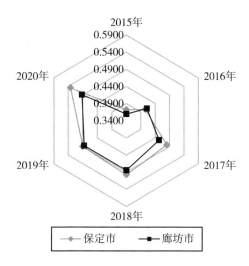

2015年

0.5900
0.5400
0.4900
0.4400
0.3900
0.3400

2020年   2016年

2019年   2017年

2018年

◆ 保定市   ■ 廊坊市

图6-26 保定市和廊坊市生态功能—城市能级耦合协调度对比

级耦合协调程度优于保定市耦合协调度水平,环京津核心功能区提出之后,廊坊市抓住机遇期,进一步优化城市生产功能,与廊坊市经济能级强劲相吻合。

其次是保定市和廊坊市生活功能—城市能级耦合协调度。2015～2020年保定市和廊坊市生活功能与城市能级耦合度均值分别是0.6413、0.5671,体现出保定市生活功能与城市能级的耦合协调度水平高于廊坊市水平,可能是由于保定市服务能级水平较高,与生活功能的相互作用较为显著。具体而言,除2019年外保定市生活功能—城市能级耦合协调度都高于廊坊市的水平。随着京津冀协同发展,保定市生活设施逐渐完善,提高了其社会保障功能,而廊坊市承接非首都功能与之不同,生活功能不再成为重点关注领域,导致两者耦合协调度水平有所下降。

最后是保定市和廊坊市生态功能—城市能级耦合协调度。2015～2020年保定市和廊坊市生态功能与城市能级耦合度均值分别是0.5319、0.4926,体现出保定市生态功能与城市能级耦合协调度较高水平,但两市分别处于勉强协调发展期和濒临失调衰退期,说明生态功能与城市能级相互作用强度和方向不稳定。因此,应进一步加大对生态功能的重视程度,强化生态功能与城市能级提升的协同性,以实现两系统的协调运行和协同发展。

四、研究结论

本节从"经济—创新—服务—开放"四个角度构建环京津核心功能区城市能级评价体系，通过熵值法对保定市和廊坊市的城市能级进行具体测算，并利用耦合模型对保定市和廊坊市的城市功能—城市能级进行耦合分析，为实现保定市和廊坊市的城市能级持续优化提供方向。主要结论如下。

（1）2015～2016年，保定市和廊坊市城市的能级综合指数虽存有一定差距，但整体处于上升趋势，且城市能级区域分异性较小。从增长速度来看，保定市城市能级增速高于廊坊市，说明两市在不断提升区域影响力、竞争力和辐射力，为精准承接非首都功能提供有力保障。

（2）从经济能级来看，2015～2020年保定市和廊坊市的经济影响力与辐射力均有不同程度下降，区域内各市间发展水平的差异性有所降低，但廊坊市的经济能级仍明显强于保定市，由人均GDP、地均GDP、公共财政收入、固定资产投资增长率、服务业增加值占GDP比重、地区年末金融机构存贷款余额以及原保险保费收入等具体经济指标，也可发现廊坊市的经济活力强于保定市。廊坊市的区域经济增长势头较强，得益于其大力发展现代服务业和战略性新兴产业以及与北京关联度高的产业，并为其成为京津冀城市群核心区的重要节点城市、成为京津冀协同发展的先行区和示范区奠定了经济基础。

从服务能级来看，保定市和廊坊市服务的能级处于上升趋势，并且增幅较大。尽管如此，保定市在服务能级方面仍然体现较强优势，特别是万人医疗卫生机构床位数、万人卫生技术人员数以及交通运输、仓储和邮政业增加值等都体现出保定市服务功能的日益完善，并为吸引高端人才加强优质服务供给，解决困扰北京发展的交通、医疗、教育、环境等多方面问题，优化首都的运行机制奠定了服务基础。

从创新能级来看，保定市和廊坊市的创新能级呈现出波浪式上升趋势，但整体创新能级水平较低。廊坊市的创新能级稍优于保定市，具体体现在万人专利授权数和高新技术增长率，体现出廊坊市具有良好的创新基础，为其承接北京高技术成果转化、战略性新兴产业、科技研发创新成果转化等功能奠定了创新的基础。从开放能级来看，保定市和廊坊市的开放能级水平差距并不显著，整体呈现出稳步上升趋势，但开放能级程度较低。

（3）在环京津核心功能区城市功能与城市能级耦合分析中，从城市功能与城市能级指数对比来看，保定市的城市功能和城市能级指数水平偏低，耦合系统并未向更高阶延续；廊坊市的城市能级和城市功能指数以稳定增速增加，且二者间耦合系统发展趋于平稳。从相对发展指数来看，保定市和廊坊市的城市功能发展同步或超前于城市能级发展，虽然两市的城市功能与城市能级的演化趋势同步不同速，但城市功能的不断完善也持续强化了城市的能级水平。

① 就耦合度而言，整体来看，目前环京津核心功能区城市功能与城市能级之间的耦合度处于高水平耦合阶段，且变动幅度较小，子系统间相互作用力度强。廊坊市两子系统之间的耦合度水平是稳步上升，保定市两子系统间的耦合度水平呈现先递增后递减趋势。因此，保定市和廊坊市的城市功能与城市能级系统相互作用程度较高且较为稳定，城市功能的发展有效推动了城市能级的提升，同时城市能级的提升也进一步促进了城市功能的发展。

就生产功能与城市能级耦合度发展情况，保定市和廊坊市都处于高度耦合阶段，生产功能的逐步完善有效推动了两市城市能级的提升，而城市能级的提升又促进生产功能的完善，即环京津核心功能区经济发展水平的提高促进了城市能级进一步发展。生活功能与城市能级耦合情况，保定市一直处于高水平耦合阶段，彼此间耦合程度高，廊坊市由磨合阶段逐渐转入高水平耦合阶段，但整体来看，保定市的生活功能与城市能级间的耦合程度高于廊坊市，即保定市的生活功能与城市能级适配度更高。在生态功能与城市能级耦合度中，保定市和廊坊市均由磨合阶段进入高水平耦合阶段，且都为递增趋势，也就是说，随着两市生态环境的持续改善和环境承载力的提升，城市生态功能与城市能级发展实现良性互动。虽然整体上耦合度水平较高，但仍有一定的提升空间。

② 进行耦合协调度分析过程中，从时间演变视角上看，环京津核心功能区的耦合协调度水平提升明显，但整体水平仍不高，处于初级协调发展阶段，两系统不断向相对协调发展状态转变；从空间演变角度看，保定市耦合协调度整体处于基本协调阶段，其中2015～2017年处于初级协调发展期，2018年之后步入中级协调发展阶段，并不断优化，而廊坊市的耦合协调度水平稍低，但也处于基本协调发展阶段，城市功能与城市能级仍需进行高度磨合。整体来看，环京津核心功能区耦合发展趋于稳定，但仍需进一步强化城市功能与城市能级的协调性，以实现城市功能与城市能级更高水平的协调发展。

| 第七章 |

世界级城市群城市功能
与能级提升的经验

　　本章主要介绍长三角城市群、粤港澳城市群在整体提升区域能级和核心竞争力方面所取得的成绩，以及两个世界级城市群在城市功能优化、城市能级提升方面的探索特点、经验和路径，以期对京津冀城市群及环京津核心功能区发挥核心功能区作用、提升城市能级起到积极的借鉴作用。

第一节　长三角城市群：科技驱动，多维联动

一、长三角城市群概况

　　长三角城市群位于中国长江下游地区，濒临黄海与东海，地处江海交会之地，沿江沿海港口众多，是长江入海之前形成的冲积平原。根据国务院批准的《长江三角洲城市群发展规划》，长三角城市群涵盖上海市和江苏、浙江、安徽三省的部分城市，规划范围包括：上海市，江苏省的南京、无锡、常州等9个城市，浙江省的杭州、宁波、嘉兴等8个城市，安徽省的合肥、芜湖、马鞍山等8个城市，区域面积21.17万平方千米，约占全国总面积的2.2%。

　　在计划经济时期，长三角实行计划经济体制和封闭型经济发展战略，

各城市功能趋同。改革开放后，长江三角洲地区城市群城市功能进行了分化重组，根据城市的不同特点进行分工定位。上海由于其地理位置非常优越，再次定位成为国际性的大都市。通过对上海及其周边城市的历史兴衰演变进行的整理与分析，能够发现长江三角洲地区城市群中重点城市的发展是以交通等基础设施发展为基础，主要得益于本身的优越地理位置，能够充分应用港口、交通枢纽等区位进行贸易、金融、信息等国内、国际交流。

2014年，《国务院关于依托黄金水道推动长江经济带发展的指导意见》中提出，应当重视长江三角洲一体化发展，并详细地说明了其未来发展规划以及该地的战略定位，提出要将长江三角洲打造成世界级的城市群。指导意见也将安徽作为长江三角洲的一部分，与其他地区联合共同发展。上海作为已经走在发展前沿的国际大都市，应当充分发挥地区辐射效应，带动周边的城市共同繁荣发展，同时结合当地的发展进程以及地区特色加快金融、贸易等行业的建设；提升南京、杭州、合肥都市区的国际化水平；推进苏南现代化建设示范区、浙江舟山群岛新区、浙江海洋经济发展示范区、皖江承接产业转移示范区、皖南国际文化旅游示范区建设和通州湾江海联动开发。

2015年12月3日，在合肥举行长三角地区主要领导座谈会，主要对长江三角洲区域过去一段时间的发展成果进行了整理总结，并展望未来该地区的发展规划以及重点路线。会议还提出该地区的发展应当结合国际大背景以及国内的形势变化，在地区发展的实际情况下进行政策的改革。实现将长三角发展深度融入国家的战略方针中，并通过该地区的发展深入带动全国的经济活力，实现经济转型升级。

2016年5月11日，国务院常务会议通过《长江三角洲城市群发展规划》，这一文件为长三角城市的未来发展进一步指明了方向与路线。在发展规划中提出了预计在2030年，长江三角洲将建设成为具有重要影响的世界级城市群。城市群以上海作为龙头城市发挥带头作用，并在发展过程中辐射周边城市，依托于交通路、线、网形成发展轴线，进而推进南京、杭州、合肥、宁波等都市圈的同城化发展，形成网格化的空间格局，推动南京都市圈、杭州都市圈、合肥都市圈、苏锡常都市圈、宁波都市圈的同城化发展，强化沿海发展带、沿江发展带、沪宁合杭甬发展带、沪杭金发展带的聚合发展。同时，上海等地区应当发挥城市自身港口以及交通枢纽等的关键作用，重视对外开放合作，吸引大量外资，从而发展国内制造业、金融业等相关行业，构建"一核—五圈—四带"的网络化空间格局。

"一核"指的是上海市，居于长三角城市群的中心位置，以上海市为核心进行发展建设，使上海市首先成为国际化大都市，促进当地的经济繁荣与对外开放发展，并通过交通路、线、网扩大发展辐射范围，逐步形成范围更大的都市发展圈。

"五圈"包括南京都市圈、杭州都市圈、合肥都市圈、苏锡常都市圈、宁波都市圈。南京、镇江、扬州三个城市为南京都市圈，其中南京市作为该都市圈的中心城市，应进一步发挥城市带头作用，提升中心城市职能，发展高新产业集聚人才，从而辐射周边城市发展，实现合作互补；杭州、嘉兴、湖州、绍兴四个城市构成了杭州都市圈，该都市圈发展重点为创新创业，重视高新业态的科研发展，发展围绕杭州国家自主创新示范区等一系列项目展开，逐步实现该地区的经济转型升级；合肥、芜湖、马鞍山三个城市构成了合肥都市圈，该都市圈位于长江三角洲西部，也是五个都市圈的边缘部分，是长江三角洲发展成果向中西部地带推进的重要枢纽，联通了地区之间的交流联系，起到产业升级转移的承接作用，因此应当重视对合肥以及周边城市的发展创新，促进产业链的融合发展，使长三角发展成果得到充分辐射；苏锡常都市圈包括苏州、无锡、常州三市，苏锡常都市圈毗邻上海，受上海地区发展作用的影响也最为显著，因此为了强化地区发展效果，应当重视与上海地区功能上的对接，并进一步扩展到周边城市，加快推进沪苏通、锡常泰跨江融合发展。其中苏州工业园国家开放创新综合试验区是当地发展的一个重要方向，通过该试验区的发展能够进一步促进当地服务业、制造业等行业集聚；宁波都市圈包括宁波、舟山、台州三市，宁波都市圈位于上海南部，同时也在沿海发展带上，同样重视与上海城市功能之间的对接交流，促进地区间共同繁荣，同时发挥该都市圈的地理优越性，围绕港口建立经济圈实现服务业和金融业的集聚，充分利用都市圈的海港资源与平台，打造全球一流的现代化综合枢纽港、国际物流中心。

"四带"包括沪宁合杭甬发展带、沿江发展带、沿海发展带和沪杭金发展带。其中，沪宁合杭甬发展带靠近合肥都市圈，位于长江三角洲的西部，是连接长江三角洲地区与中心部地区发展的重要枢纽，依托沪汉蓉、沪杭甬通道的枢纽功能，实现长江三角洲中心城市发展要素间的流动集聚，沪宁合杭甬发展带也成为长三角城市群中吸引顶尖人才、集聚高端要素、实现产业发展升级的中枢发展带。沿江发展带靠近长江，以沿江发展带为线路实现对沿江地区经济发展的促进作用，能够充分发挥长江的枢纽作用，加快联运港口的建设和使用，开发沿江交通走廊，优化当地的整体布局。沿海发展带的发展重心在海洋资源的开发和利用上，重视对海洋资源的合理开发保护，关注环境防治，并结合该发展带丰富的海洋资源开展特色渔业、海洋服务业、高新技术等产业的发展，将传统渔业与高新技术相结合，带动该地区全要素生产率的提升，有序推进滨海生态城镇建设。沪杭金发展带依托沪昆通道，连接上海、嘉兴、杭州、金华等城市，以中国（上海）自由贸易试验区、义乌国际贸易综合改革试验区为重点，打造开放程度高的贸易中心，并融合海陆资源，创造面向海陆双向的开放地区，重视发展高新技术产业以及商业物流，加强与衢州、丽水等地区生态环境联防联治，提升对江西等中部地区的辐射带动能力。

2018 年，长三角高质量一体化被提升为国家战略，这表明长三角在近二十年的发展中所做出的努力与探索得到了国家的高度认可，也表明在中美两国的贸易摩擦背景下，中国借助区域协同机制挖掘中国新的经济动能，发挥中国经济韧性的优势进入战略实施新阶段，表明中国将以此为基础构建一个统一开放、竞争有序的国内大市场。

二、长三角城市群能级提升路径

(一) 以科技创新驱动经济结构升级和产业布局优化

实施创新驱动核心战略是推进地区经济结构优化升级的关键。上海打造全球科技创新中心，其重要的承载区域就是长三角地区。长三角地区已经拥有经济、创新、文化等优势，具备了从经济增长区域向科技创新区域转型的基础条件。上海建设全球科技创新中心是通过长三角区域的产业分工体系，加速要素配置流动，加快科技创新中心体系建设，推进国际化和多元化发展来实现的。国内外经验证明，国际化程度越高的城市或地区，文化、技术和要素流动越快，对创新的影响越大，在此基础上，结合各地区的资源条件与优势，有利于本地区的产业分工优化。

长三角地区实现高质量的协同发展，需要从产业空间分布的优化入手，并将其与产业政策的调整相结合。在保持长三角区域土地利用强度平衡的同时，实现长三角区域产业空间布局的优化，具体有两个任务：一是在已实现土地利用强度的基础上，以提高亩均投资水平为目标，以亩均增值为目标，将不满足这两项要求的一般性制造业向外迁移，提升土地利用强度。二是使长三角周边的广大区域借助网络化基础设施建设，具备承接产业转移和发展产业集群的条件，进而提升区域内的土地开发密度，从而为建设长三角"科技创新走廊""科技创新带"奠定基础。

长三角现行的资源分配格局中，目前的 G60 科技创新走廊规划，从区域发展的角度来看，仍以该地区生态环境建设的标杆与示范带为主。长三角在空间上亟待解决的问题是如何解决"过密"的工业布局问题，以及如何在沪宁合区域内进一步提升工业创新与技术创新带状优势。上海、南京、合肥这三个节点城市，聚集着中国东南沿海地区最重要的科研机构，以及最有科研影响力的高校。苏州、无锡、常州也是具有较强的产业创新能力的城市。创新走廊的其他地区，尤其是苏北和安徽境内，则拥有大量科技和产业融合所必需的土地、人力等重要资源。沪宁合产业带已成为推动长三角区域经济社会向纵深发展的关键动力，也是推动上海打造世界科创中心的关键载体。位于青浦、吴江、嘉善三地的"长三角一体化示范区"，承担着"上海建设具有全球影响力科创中心"的重大使命，通过集聚科技、创新、人才等重要资源，探索有利于创新要素跨境流动和融通的政策措施，促进长三角示范区内高技术企业互补优势、共享资源、合作共赢。

（二）一体化综合交通体系，提升交通服务功能

2022 年 4 月，国家发展和改革委员会、交通运输部发布了《长江三角洲地区交通运输更高质量一体化发展规划》（以下简称《规划》），提出了促进长三角区域交通运输更高质量发展的建设目标。《规划》提出，到 2025 年，长三角区域将加速形成现代立体交通运输网络，全面构建综合运输体系，初步建成"轨道上的长三角"，高铁密度达到 507 km/10000 km^2，高速公路超过 500 km/10000 km^2，国际一流空港（空港）集团在国际上的竞争力明显提升。综合交通服务水平显著提高，长三角主要城市之间的旅客出行均可享有 1～1.5 个小时便捷客运服务；上海大都市圈及周边实现苏锡常、宁波等主要节点城市之间享有 1 小时内的交通服务，实现铁路、水运货物运输平均每年增长 5% 以上的目标。进一步完善一体化发展的机制，建立"三省一市"协同共建的制度体系，实现"城市间铁路"一体化的运行与管理，实现"空港一体化"协同发展，打造"长三角"运输一体化的制度与制度体系。智慧化、绿色化、安全性显著提升，大城市群的绿色出行分担比例达到 65% 以上，基本达到信息服务的共享，联合防控与治理对城市群的环境污染及污染物的治理效果显著。《规划》同时指出，要以上海大都市圈为中心，以南京、杭州、合肥、宁波都市圈、苏锡常为中心，以城际铁路、市域（郊区）铁路、城市轨道交通和城市快速道路等为主干，构建苏锡常和宁波三大城市群 1 个小时的交通网络。

　　各地加强都市圈间重大基础设施统筹规划，提高城际铁路的路网密度，一批重大项目相继纳入国家专项规划或省城际铁路建设规划。2021年7月，沪苏通长江公铁大桥、沪苏通铁路正式通车运营，这标志着南通到上海的火车不再需要绕道南京，两地间最短行程缩减到1小时左右。国家发展和改革委员会、交通运输部于2022年4月印发的《长江三角洲地区交通运输更高质量一体化发展规划》明确提出，建设盐泰锡常宜铁路、宜兴至湖州铁路、苏锡常城际铁路、如通苏湖城际铁路等环太湖城际铁路项目。2020年6月，在长三角地区主要领导座谈会召开期间，沪苏湖铁路项目正式开工建设，无锡、常州、湖州、宣城签订了共建长三角产业合作区战略合作框架协议。7月下旬，召开覆盖长三角地区41个地级市的长三角城市经济协调会第二十次全体会议，集中签约一批有代表性、有示范带动作用的重大项目，为环太湖城市群协同发展提供合作平台。

　　长三角城市群交通一体化，建设跨地区综合交通体系，缩短了城市间的时空距离，大大加强了城市群内部的经济联系，经济要素在区域内进一步实现高效流动和有效配置，有利于提升上海和各都市圈中心城市向其他地区的辐射范围与强度，非中心城市为中心城市提供配套支持，区域内各城市之间高效协同发展，从而实现城市群整体能级提升。

（三）打造区域联动机制，深化产业创新，拓宽合作领域。

　　为了进一步实现更高质量一体化发展，长三角"三省一市"积极构建内部科技创新、交通一体化、信息共享及污染联防联控的联动机制。一是积极推进前沿科技研究院所的合作、科技创新公共服务平台的互联互通、大型高新科技设备研发和生产的共建共享。依托行业龙头企业，建立一批跨行业、跨行政区划的前沿科技创新研究机构，发挥龙头企业在协调产、学、研、用中的协调作用，以及在各地区制造业创新中心建设中的组织作用。二是加快建设高效便捷的综合立体交通网络，从而有效支撑和带动区域一体化发展。进一步提升多式联运的集聚、疏散、运输体系能级，促进各地物流枢纽与货物主要生产地、货物主要消费市场的连接，加强重要交通基础设施与主要交通枢纽的有效衔接，大力发展智能交通，形成效率高、成本低、现代化的"集疏运"体系。三是在有形的飞地上打造无形的高效互联网平台，借助互联网经济发展实体经济。四是建立污染联防、联控机制，加强区域间的生态环境保护与资源节约合作，考虑地区实际经济发展水平与环境污染具体状况进行层级布局。

2018年，随着"长三角一体化"上升为国家战略，上海、江苏、浙江、安徽"三省一市"为实现更高水平的一体化，高起点制定了《长三角城市联动发展规划》。在产业合作、创新合作、基础设施建设等方面，在共同治理和公共服务领域，也有了丰富的合作成果。2021年，"三省一市"在发挥各自优势、优势互补的基础上，共同打造了长三角地区的12个国家级先进制造业集群，约为全国的一半。沪、苏、浙、皖构建长三角区域内的产业链协作机制，推动长三角区域内的产业链流通，形成具有国际竞争优势的高端制造业集群，形成具有自主可控、安全高效、服务于国家的产业链供应链。在创建制造业集群方面，"三省一市"协同推进"长三角生态绿色一体化示范区"的过程中，已形成73项"不突破隶属关系，不突破行政区划界限"的制度创新成果，成为区域经济一体化的"样板间"。

2018年以来，长江三角洲区域的技术创新能力大大提升，形成了一个具有竞争优势的科技创新共同体。积极发挥上海市张江和合肥两大综合型国家经济科研中心"两心共创"的作用，不断完善长三角产业链，组织成立长三角人工智能产业链发展联盟，共同构建筑长三角的汽车及新能源汽车产业聚集群，并在重大科技创新项目中联合攻关。在制度创新方面，长三角区域积极开展一体化创新试点，已推出了73项制度创新成果，并且实施了多项标志性的重点项目。安徽省大力发展"一地六县"协作区，定埠港二期、沪皖大道、广德智能制造产业园等一些省级重大工程已经开工，"3＋N"省级新型功能区也已经正式挂牌。加强城市间、城区间的对口合作，推进落实沪、苏、浙城市结对合作帮扶皖北城市各项任务，结对合作帮扶取得了显著成果。2022 年，长三角一批公共服务事项实现共建共享，跨省办事更加便利。其中，长三角职工医保异地门诊费用直接结算通道开通，实现长三角 41 个城市和 7851 家医疗机构门诊费用直接结算的"两个全覆盖"；安徽省推进长三角住房公积金"一网通办"，共同签署《长三角住房公积金一体化战略合作框架协议》，实现"个人申请出具异地贷款缴存使用证明"服务事项跨省通办。

促进杭州湾北岸城市的联动发展，重点加大南上海区域产业联动发展力度，并以金山和奉贤为主要节点建立杭州湾北岸城市带，打造杭州湾北岸南上海的产业高地，以此形成南上海的产业优势。通过规划和建设现代物流产业带，上海国际航运中心组合港发挥更大效能，形成结构完善、功能完备的港口群体系，满足现代物流产业的需求。

第二节 粤港澳大湾区：以区域协同优化提升能级

一、粤港澳大湾区概述

粤港澳大湾区包括香港特别行政区和澳门特别行政区，以及深圳、广州、珠海等九个市。推进粤港澳大湾区建设，是以习近平同志为核心的党中央做出的重大决策，也是实践"一国两制"的又一创新举措。2019 年 2 月，中共中央和国务院发布了《粤港澳大湾区发展规划纲要》（以下简称《纲要》），根据《纲要》要求粤港澳大湾区不但要建设成为"一带一路"的重要支撑点、内陆与港澳深入合作的示范区、国际科技创新枢纽，还将成为一座宜居、高质量的、充满活力的世界级城市群。

粤港澳之间、珠三角九市之间、粤港澳大湾区与粤东西之间以及粤港澳与泛珠三角地区之间等不同层次的区域关系发展，是粤港澳大湾区建设的核心内容之一，它必然表现为不同层次区域空间结构的调整重组以及区域空间发展模式的优化提升。当前，随着大湾区建设的系统、分层、有序推进，区域空间发展已经出现一些新的发展态势、发展趋向。

《纲要》提出了空间布局的总体性谋划，其中蕴含了一些重要的空间导向：第一，凸显中心性。《纲要》明确提出香港、澳门、广州、深圳四大中心城市和香港—深圳、广州—佛山、澳门—珠海三大"极点"，多中心结构特点明显。三大极点是打破行政边界的都市圈概念，其中，香港—深圳、澳门—珠海是"一国两制"框架下的跨境深度合作，广州—佛山则是珠三角一体化背景下的同城化建设，通过优势整合，实现做优做强，引领大湾区的高质量发展和深度参与国际合作。第二，强化协同性。《纲要》中四大中心城市定位明确，各有侧重，重要节点城市则强调"特色鲜明、功能互补"。各个城市的定位并不是行政限定，而是基于各地发展优势，着眼湾区整体愿景，引导形成差异、互补、协同、整合的格局。第三，提高均衡性。大湾区空间发展不均衡：一是内外圈层差距明显；二是东西两岸差距明显；三是三大经济圈差距明显。缩小区域差距、促进均衡发展成为大湾区建设的重要任务。有两个方面值得重视：一是促进港穗深对西岸（珠中江）地区的辐射带动；二是强化内外圈层的衔接连通。第四，发挥带动性。强调大湾区对粤东西北和泛珠三角的辐射带动。有三个方面值得重视：一是以大湾区建设为龙头构建区域协调发展格局；二是采取多种方式推进区域间产业合作共建；三是加快区域性交通基础设施建设，显著拉近大湾区和粤东西北、泛珠三角之间的空间距离。

二、以协同合作推进空间分层发展

（一）广佛同城：从地方实践到国家战略

在大湾区建设背景下，广州、佛山两地同城化合作上升到国家战略高度，开始进入全域系统性格局性构建的新阶段。2018 年 12 月，两市签署《深化广佛同城化战略合作框架协议》。2019 年 5 月，两市签署《共建广佛高质量发展融合试验区备忘录》，并提出合作共建先进装备、汽车、新一代信息技术、生物医药与健康产业 4 个万亿级产业集群。广东省委要求加快广佛同城化发展，建成具有全球影响力的现代产业基地，打造服务全国、面向全球的国际大都市区。2020 年 7 月 1 日，时任广州市委书记张硕辅在广佛同城化党政联席会议上提出"全力推进全域同城化高质量发展"：一要共建大平台，加快推进广佛高质量发展融合试验区建设，抓紧启动先导区建设，带动广佛全域高标准融合发展；二要共建大产业，共同做大做强先进装备制造、汽车、新一代信息技术、生物医药与健康等产业集群，构建具有国际竞争力的现代产业体系；三要共建大交通，加快广佛环城际、跨界市政路等项目建设和对接，加快实现交通全面衔接、无缝对接。

（二）深港合作：共建国际科创中心

深圳全面贯彻"一国两制"的政策，依照《中华人民共和国宪法》和《中华人民共和国香港特别行政区基本法》行事，注重规则制度的对接，加强跨界基础设施的建设，在科技创新和民生领域合作等方面率先取得突破，进一步做强香港—深圳极点，加强深圳和香港的兄弟关系，共同维护香港长久的繁荣与稳定。深圳和香港将建立系统的合作模式，重点包括：一是健全常态化联络机制，充分发挥其在加强交流、解决问题和推动工作效率中的作用。二是加强基础设施的互联互通，建立和完善高效、便捷的现代交通网络，使人员、物流、资金、信息流动更加畅通。三是便利香港居民来深圳发展，积极贯彻国家有关政策，加快相关政策的完善，并对香港和澳门居民的关切做出积极回应；建设好"粤港澳青年创业工场"和"深港青年梦想工场"，为港澳青年到深圳创业提供更多的便利。四是推动前海的开发和开放，制定《前海深化前海改革方案》《实施前海开发和开放的若干措施》《前海新中心城市规划》等，在制度创新、产业集聚、新中心城市的建设等方面提出了 130 多项改革措施。五是要共同推动科技创新，以广港澳科技创新走廊为契机，充分发挥深圳产业化、市场化以及在科技创新方面的优势，和港澳地区在科技创新方面的优势协同起来，形成优势互补，共同打造一个以深港为核心的、以科技创新合作区为目标的国际科技创新中心，发挥"离岸""跨国""国际化"的优势，促进人力、财力、物力、税收和信息等方面的先行试点政策。

（三）珠澳合作：强化大湾区格局第三极

珠澳两地已经就加速澳珠极点的有关问题签订了一系列合作协议，在贯彻落实《粤港澳大湾区发展规划纲要》，以及推动粤澳科技园区、澳门工业多样化发展、共同构建粤港大湾区新的经济增长极等方面达成了共识。珠澳两地在产业建设、跨境办公、土地出让、人才的认定等方面不断完善政策措施体系。在保障和改善民生方面，逐步推进和完善教育、社会保障、住房、保险等方面的合作。粤澳经济技术开发区、粤澳合作中医药科技产业园、澳门青年创业谷发展迅速，已经成为珠澳合作的重要平台。2020 年 4 月 20 日，澳门特别行政区发布的《2020 年财政年度施政报告》提出："横琴是澳门参与粤港澳大湾区建设、融入国家发展的第一站，是澳门经济多元发展的最便利、最适宜的新空间。"珠海从建立新体制、营造新环境、发展新产业、建设新城市、创造新生活五个方面入手，携手澳门，推进粤澳经济特区的建设，主要内容包括：以"粤澳合作产业园""粤澳合作中药产业园区""4 个澳门国家级实验基地"为基础，以促进中药及其他澳门特色产业及高新技术产业在横琴的集聚与发展。积极参与澳门的全球观光和娱乐之都的创建，并将横琴打造成一个高标准的国际休闲旅游境域。着眼于各种生产要素的便利跨境流通，探讨制度间的衔接和融合，建立粤澳两地协商、共同管理的新体制。在新的《国土空间总体规划》和《横琴总体发展规划》的编制过程中，与澳门的总体规划紧密结合，给澳门留下足够的生产、居住和生态空间。继续健全有利于澳门同胞就业、创业和安居的政策，加速推动"澳门新街道"和一批高水平的医院、学校和养老机构的建设，将横琴打造成更适宜澳门同胞发展和生活的地方。

三、以产业空间提高区域能级

（一）拉动周边地区融湾发展

1. 大湾区对近邻地区带动效应明显

一是交通条件明显改善，尤其是多条高铁、城际轨道、高速公路的建设，拉近了环湾地区和大湾区核心区的距离；二是产业转移合作成效明显，除前面述及的深汕、广清两个特别合作区外，深圳（河源）产业转移工业园、佛山（云浮）产业转移工业园、东莞（韶关）产业转移工业园、珠海（阳江）产业转移工业园等均有较好发展，河源和清远高新区先后成为粤东西北地区第一、第二个国家级高新区；三是产业共建模式创新，如河源主抓产业园区大平台，推进深圳南山区与河源市高新区、连平县共建"飞地"产业园，携手深圳积极谋划"深河特别合作区"，深度对接大湾区产业转移，探索"大湾区总部＋河源基地""大湾区科研＋河源生产"等模式，大湾区和环湾区域关系模式开始重建。

2. 环湾地区主动提出融湾发展战略

清远市要以加快广清与大湾区的融合，以生态旅游业的发展融入大湾区的发展，以高职教育的发展为大湾区的发展服务，"以绿促绿"的工作理念，以"大湾区"为导向，大力推进"入珠融湾"，将清远建设成"粤东、粤西、粤北"与"粤港、澳大湾区"接轨的先行市，努力推动清远实现更高质量发展。中共云浮市委第六届六次全会提出，要准确把握当前多重战略叠加机遇，切实找准对接融入大湾区提质发展的云浮路径，要坚持把融湾发展作为开创云浮工作新局面、牵引带动重点领域工作创新突破，要立足云浮独特的区位优势，着力打造大湾区建设发展的北岸战略腹地，以"硬联通"为基础，对接融入大湾区"1小时交通圈"。

3. 拓展的三大都市圈概念显现

大湾区核心区的辐射带动和环湾地区的融湾发展，拓展了广佛肇、头莞惠、珠中江三大经济圈的空间范围。以广州为中心，以广佛同城为基础，以广清一体化为突破口，"广佛都市区—肇庆城区—云浮城区"和"广佛都市区—清远城区—韶关城区"两条发展轴线得到强化，辐射带动肇庆、云浮、清远、韶关等地，催生了"广佛肇+清云韶"的区域概念。以深圳为中心，结合深圳"东进战略"，深圳—东莞—河源、深圳—惠州—河源、深圳—汕尾三条发展轴带得以强化，辐射带动汕尾、河源等地发展，形成了"深莞惠+河源、汕尾"的区域概念。以珠中江协同为基础，以跨江通道建设为纽带，吸引香港、广州、深圳三大中心向西辐射，强化了珠海—中山—江门—阳江沿海城市发展带，促进了"珠中江+阳江"的区域概念。

（二）积极辐射粤东西北地区

1. 对口帮扶系统推进

组织珠三角与粤东西北地区开展对口帮扶，是中共广东省委、省政府推动全省区域协调发展的重大战略举措。第二轮全省对口帮扶工作于2017年启动，由6个珠三角地市结对帮扶8个粤东西北地市，分别是广州对口帮扶梅州、清远，深圳对口帮扶河源、汕尾，珠海对口帮扶阳江，佛山对口帮扶云浮，东莞对口帮扶韶关，中山对口帮扶潮州。近年来，珠三角6市及其对口帮扶的8市在推进产业梯度转移和产业共建、完善基础设施建设、加强民生保障、配合打好精准脱贫攻坚战等多个方面取得丰硕成果。第二轮对口帮扶工作所确定的各项任务全面完成，有效弥补了粤东西北经济社会发展的短板和弱项，为全面建成小康社会奠定了基础，有效提升了全省区域发展的平衡性与协调性。

2. 产业共建成效明显

广州依靠"政策撬动+市场驱动+龙头带动"的产业帮扶路径对口帮扶梅州，促成了广汽集团、广药集团、日本厚利加食品株式会社、香雪制药等行业领军企业到梅州投资，形成了"蜂王型企业+产业集群"的产业共建模式。东莞对口帮扶韶关，围绕钢铁、有色金属、电力能源等领域着力推进产业链建链、补链，提升产业链层级，积极打造绿色低碳循环产业体系，带动形成了 1 个 1000 亿元以上、2 个 300 亿元以上的产业集群。珠海对口帮扶阳江，遴选优秀国企作为对口帮扶建设和投融资主体，围绕高端装备制造、高端不锈钢、新能源材料、食品加工、现代仓储物流、高端纸业六大主导产业，建立了目标企业动态项目库，加快培育广东（阳江）海上风电装备制造产业基地和中国（阳江）高端不锈钢产业基地两大产业基地。

3. 创新合作开始兴起

明确将高等院校和研究机构在创新中的重要地位，共同构建出新型的研发平台，并引入博士后科研工作站和实践创新基地，共同培养出具有科技创新力的企业，提升创新发展规模和质量。如 2019 年，深圳帮扶河源，依托源城高新技术开发区，以深河金地创谷国家孵化器和创智产业园为主要载体，对接粤港澳大湾区创新资源，引进天和新材料、新凌嘉新能源、长物科技、广东技术师范学院、天大院士工作站、省科院研究院等一批创新创业团队和研发机构，推动建成国家级科技创新孵化器 2 个，建设高新智汇谷、电子商务产业园等一批创新孵化平台。佛山帮扶云浮，引进巴拉德氢燃料电池商用车核心技术，大胆进行"二次创新"，成功研发 CAVEN3、CAVEN4 燃料电池系统；在当地创建 51 个科技创新平台，引进 89 名科技人才、19 个创新团队，使高新技术企业数量实现翻番。

（三）有效带动泛珠区域合作

1. 广东高度重视

广东省委、省政府在《关于贯彻落实〈粤港澳大湾区发展规划纲要〉的实施意见》中提出，要加快建设"粤港澳大湾区""珠江—西江经济带""带动中南和西南，向东南亚和南亚辐射"的经济支撑区建设。大力发展珠江—西江、琼州海峡和粤—桂黔高速铁路经济带等沿海、沿江、沿重要交通要道的经济带的建设，促进区域产业转移，推动区域间要素的有效流通，推动"飞地经济"的有序发展，从而建立具有阶梯化、优势互补、分工合理的产业协作系统。

2. 泛珠地区主动对接

周边省区充分认识大湾区建设的战略机遇和溢出效应，相继印发了《江西对接粤港澳大湾区建设行动方案》《广西全面对接粤港澳大湾区建设总体规划（2018—2035 年)》《湖南省对接粤港澳大湾区实施方案（2020—2025 年)》等，推进交通、产业、科技、生态、民生等领域的对接与融入，并制定相应的体制机制与政策措施。2019 年 9 月 6 日，"泛珠江三角洲"地区合作领导小组会议就与粤港澳共建大湾区，进一步推动"泛珠江三角洲地区"与"粤港澳大湾区"的关系进行了探讨，并提出"泛珠江三角洲地区"的六项重点工作。一是推进"泛珠三角区域"对接粤港澳大湾区建设；二是加强交通基础设施互联互通；三是进一步深化产业合作，建立具有协同效应的产业系统，形成具有协同效应的创新网络；四是进一步推进区域旅游业的发展；五是加快市场一体化整合；六是加强生态环境方面的合作。

3. 合作成效初步显现

2020 年 1～4 月，广西全区全面对接粤港澳大湾区已入库重点项目建设超 400 个，年度计划投资约 700 亿元，总投资超 1 万亿元，涉及公路、铁路、航空、水运、能源、园区平台等基础设施建设，除此之外还包括社会民生、产业发展、生态环保等领域。已有多家广西企业的产品通过位于南宁的广西—香港标准及检定中心取得了香港优质正印认证。贺州市建设广西东融先行示范区，2020 年上半年签订"湾企入桂"项目 37个、已开工项目 21 个。

四、依靠生态资本提升城市群发展能级

（一）生态环境协同保护

区域生态环境的协同保护意义重大，粤港澳大湾区作为河、海、陆三大生态系统的交汇区，不仅有丰富的海洋资源、生物资源和环境资源，

而且还有独特的自然风光和生态价值，是区域生态环境协同保护的样本区域。东京湾、旧金山湾、纽约湾等世界上经济发达的湾区，都以较好的生态环境作为支撑。在"一国两制"的方针指导下，粤、港、澳三地的生态环境保护协作机制，将是粤、港、大湾区三地长期发展和稳定的重要保证。

20 世纪 80 年代，珠江河口是中国近海资源最丰富的海域，也是生物种群最丰富的海域，同时也是中国生物优势种群变化最为活跃的海域之一。随着珠三角地区经济的快速发展，海洋垃圾巨量增加，大规模的围垦、养殖和港口的建设，使得伶仃洋水域越来越浅、面积越来越小，大量的泥沙被无序开采导致海岸被侵蚀，珠江河口的红树林数量锐减，沼泽生态系统退化，一些地方甚至发生"荒漠化"。近几年来，粤、港、澳三地联合开展了一系列生态环境保护工作，取得了明显效果。

粤港澳区域联合或各地独立推行的要求发电厂安装脱硫设施、淘汰高污染工业设施、禁止高污染车辆进口、制定及收紧车辆的排放标准、提高油品规格等一系列减排及改善大气环境的措施，已取得一定成效。以粤港为例，在二氧化硫、氮氢化物、挥发性有机化学物及可吸入性悬浮微粒等方面，都已经实现了相应的减排目标。香港特区在二氧化硫、可吸入的悬浮微粒及珠三角经济区的二氧化硫的减排量都大大超过了其所设定的目标。

广东省自 2016 年 8 月开始，对近海非法倾弃垃圾行为进行了严厉打击，共查处 30 起非法倾弃行为，废弃物以生活垃圾、工业垃圾和建筑垃圾为主，对海洋生态环境产生了恶劣的影响，对船舶年龄安全构成严重威胁。经过近年来的严厉打击，形势已有了很大的改观。广东省通过东深供水工程，一年有 7 亿～8 亿立方米的水供给香港，相当于香港用水总量的 70%～80%。从 1956 年开始，东深线已经向香港输送超过 237 亿立方米水，这等于移动了整个洞庭湖水量的 1.5 倍。澳门主要水源有 98% 来自珠海，珠海朱仙洞蓄水池对澳门的供水系统相继竣工，总投资达 10 亿元，珠海市斗门区的竹银水库也于 2011 年竣工。除大气污染、水污染、海洋污染及供水保障等方面，粤港澳三地在林业、海洋资源及生物多样性保护方面也进行了合作，并取得了良好的效果。

（二）生态环境协同保护协同机制

1. 协同保护的领域较广，以磋商为基础

粤港澳三地的协同保护，不仅涵盖大气环境、水环境（安全水源供给），还涵盖了中华白海豚保护、红树林保护、湿地保护等多个领域。在许多生态环境保护领域，如自然保护区、垃圾处理、森林科学与防灾技术、野生动植物保护和贸易、生态执法管理、生态旅游等领域开展了沟通与合作，并取得了显著成效。由于目标、利益主体、诉求不尽相同，因此，任何一个问题的解决都要进行多方面的沟通与协商。

2. 组织机构形式多样

以粤港两地为例，具体主要有以下几种组织机构：第一，从1998年开始，每年共同组织"粤港合作联席会议"。会议主题包括两地在地区间的合作规划、基础设施建设、产业发展，以及在科技创新、人才培养、商贸流通等方面的协同合作。第二，1990年，粤港环保联络小组正式设立，1999年更名为粤港持续发展与环保合作小组，成为粤港两地环保协作组的一个重要组织机构，主要负责两地的与环保协作相关工作的联络。小组每年召开例会，主要工作重点是审议粤港两地的环保协作组的年度工作报告，研讨两地在环境、自然资源、生态环境以及可持续发展等方面的问题，并制定下一年的合作方案。专家组、专题讨论组、专责委员会负责制订每年的工作计划，提供有关的工作建议、计划及合作方案，协调各种专案的商讨，检视各专题工作的成果及报告，并呈交粤港永续发展及环境保护合作委员会。专题专责小组包括珠江三角洲地区大气质量管理与监测专责小组、林业和生态保育专责小组、珠江三角洲的水质保护小组、海洋资源管理小组、粤港海洋环境管理专题小组等，专题小组就具体的跨界环境问题开展监测、研究与合作，讨论制定相关的应对措施。

3. 政策工具包括法律、行政计划、协议等多种手段

为了保障东深供水水源的质量，1991 年，广东省人民代表大会通过了《广东省东江水系水质保护条例》，之后又经过几次修订。另外，广东省人大和省政府也先后颁布了十几部法律及文件。2011～2017 年，广州、深圳、韶关、河源、惠州、东莞等 6 个东江流域城市，否决了 7000 多个对东江水质有不利影响的建设项目，淘汰了 71391 家污染严重的企业。粤港两地于 2000 年共同制定了《后海湾（深圳湾）水污染控制联合实施方案》，2003 年两地签订《珠江三角洲地区空气质素管理计划》，2009 年签订《粤澳供水协议》。

4. 以环境设施建设、环保资金投入、科学研究等为支撑

为了治理东江的水质污染，广东省政府于 2000 年 8 月开始实施"东深"供水改造工程，通过"清污分流"的方式，通过专用输水系统项目建设，耗时 3 年，总投资 43 亿元，保证了香港的供水安全。香港特区为了改善东江的水质，投资近 2 亿港币，更新了石湖废水处理厂设备。香港特区政府拨款 936 万元，向广东省的港资企业提供有关清洁生产的技术支援。在大气环境上，广东、香港和珠江三角洲地区空气监控网络于 2005 年 11 月正式启用，空气品质监察范围扩大到广东、香港、澳门三地。

第三节　对京津冀城市群和环京津核心功能区的启示

一、协同创新是引领城市群能级发展的第一动力

长三角城市群和粤港澳大湾区建设的共同经验表明，协同创新是引领区域能级提升和发展的第一动力。京津冀城市群应针对协同创新中的薄弱环节，通过强化平台支撑、优化产业结构、创新体制机制进一步深化协同创新，推动京津地区创新链与河北产业链的深度融合，加速"京津地区研发，河北地区转化"的实现。

（一）打造平台，为京津科技成果孵化转化提供载体支撑

制定完善科技创新成果转化政策和措施，引导京津地区更多的技术成果在河北进行转化。加快承接与转换平台构建，因为转换平台是科研成果转变为现实生产力的重要载体，在整合各类资源、新技术的研发和成果转化等关键节点中，发挥着非常重要的作用。京津冀地区要联合打造一批先进示范应用场景，如新能源、智慧城市等，逐步吸引京津地区高层次的人才和科技成果在河北聚集。

（二）升级产业，提高河北产业链与京津创新链适配水平

科技成果向现实生产力转化的前提是创业链和创新链的高度匹配与有机融合。但是目前，河北省产业链和京津地区创新链之间存在着较大的差距，这是导致北京、天津的科技成果不能在河北省有效转化为现实生产能力的重要因素。弥合河北省产业链与京津地区创新链之间的差距，不仅要在产业上扩大增量，更要优化存量，以京津创新链为核心，布局河北的产业链，建立现代化产业系统以适应区域协同创新发展的需要。河北高等院校要以河北省特色产业集群为中心，充分加强学校与地方合作，推动产学研相结合，以人才、科技和智力为河北的产业转型发展提供支撑。

（三）创新制度，疏通京津科技成果河北转化的"堵点"

河北省应进一步引进高层次人才、吸引科技型企业落地，吸引更多京津高层次人才、创新成果等高层次创新要素，消除制度和机制上的障碍，打通阻碍京津地区科技成果向河北转化的"堵点"。河北省要进一步创新合作机制，与京津两地探讨跨地区科技成果转化和园区建设的利益分享机制，建立高科技成果和科技成果的相互认可机制，强化河北科技成果交易市场与京津两地的对接，推动科技成果在区域范围内的有效转化。

二、交通一体化与信息共享是提升城市群能级的基础

根据长三角城市群和粤港澳大湾区的建设经验可以看出，城市群交通一体化与信息共享是提升城市群能级的基础保障。京津冀城市群尤其是环京津核心功能区要总结和学习长三角交通一体化体制机制改革创新的经验，进一步完善交通一体化发展机制，健全各地协同共建机制，在交通基础设施建设基本完成后，还要在城际交通一体化运营管理机制方面进一步突破。第一，加快建设高效便捷的综合立体交通网络，从而有效支撑和带动区域一体化发展。进一步提升多种交通运输方式的运输体系能级，促进各地物流枢纽与货物主要生产地、货物主要消费市场的连接，加强重要交通基础设施与主要交通枢纽的有效衔接，大力发展智能交通、绿色交通，形成效率高、成本低、现代化的"集疏运"体系。第二，实现区域交通服务一体化，提高智能绿色安全发展水平，实现交通信息服务共享共用，构建和完善交通环境污染与排放联防联治机制。围绕群众高品质出行需求，积极推动各级政府与交通建设及运营机构密切沟通协调，深化务实合作，共同推进交通建设及服务质量水平提升。第三，除了有形的交通网络还要打造无形的高效互联网平台，借助互联网经济发展实体经济。

三、产业联动发展，形成多极化、网络化世界级城市群空间结构

以长三角城市群为代表的世界级城市群的共同特点表现为城市的基础设施比较完善、城市结构相对合理、产业分工更加科学、具有较为优化的社会协调机制等特征。在城市群发展过程中，合理的城市结构层级是构建世界一流城市群的重要基础，而地区产业联动和社会协调机制是城市群空间结构优化的有力支撑。京津冀城市群和长三角城市群在面积

上比较接近，都包括了直辖市，并且都临海，在基础条件上有许多共同点。但是，京津冀城市群中小型城市的数量多，城市的多极化和网络化形态还没有形成。与长三角各城市群的大、中城市为主的城市群结构相比，京津冀城市群的城市构成结构需进一步优化。就区域间的产业结构来说，与长三角相比，京津、京冀、津冀区域之间的差距过于悬殊，不利于京津冀城市群的产业协同和联动发展。

因此应借鉴长三角等世界级城市群的经验，首先要构建合理的产业分工格局，完善京津冀高端制造产业供应链和价值链，推动京津冀中高端价值链重构，提高京津冀城市规划中产业布局的层次性，扭转三地支柱产业各自孤立增长的态势，破解天津与河北制造业同质化发展、天津与北京在高端产业的竞争难题。其次要发挥主体功能，提升引领辐射作用，推动与北京、天津两大超级城市之间的协作，共享地区发展成果，以更大规模，更具开放性、包容性的中心城市辐射态势，进一步加强京津两个中心城市对保定、石家庄等次中心城市和节点城市的经济带动功能，加快中小城市的城镇化建设进程，加快城市群联动发展。

| 第八章 |

环京津核心功能区城市功能与能级提升的路径

环京津核心功能区城市功能优化与能级提升，要坚持以习近平新时代中国特色社会主义思想为指导，顺应城市发展规律，转变城市发展方式，明确各城市功能定位，在城市功能优化中实现城市能级的跃升，以高标准推进雄安新区建设，打造以首都为核心的京津冀世界级城市群。

第一节 基本原则与优化方向

环京津核心功能区城市发展的基本战略定位就是承接北京非首都功能疏解，为服务雄安千年大计、推动京津冀协同发展，打造以首都为核心的世界级城市群提供战略支撑。城市功能空间的调整和结构优化，必须以此为基础。

一、基本原则

（一）坚持战略性原则

战略性原则是指环京津核心功能区在进行城市功能优化时应具备全局性的战略眼光，将城市的功能优化视为全局发展的一个部分，考虑全局的利益而不是局部利益，把全局作为城市功能优化的出发点和落脚点，以全局利益作为最高价值追求。

环京津核心功能区城市功能优化要突出"大战略",城市功能优化必须以承接北京非首都功能疏解为主,必须与雄安新区千年大计、打造以首都为核心的世界级城市群、构建新发展格局的战略相统一。2015年4月,中央政治局审议通过的《京津冀协同发展规划纲要》中首次提出中部核心功能区(包括保定市、雄安新区、天津市、廊坊市、唐山市、沧州市),并明确了首都功能和非首都功能的集中承载区的发展定位。继中部核心功能区之后,2019年河北省委、省政府印发的《关于贯彻落实建立更加有效的区域协调发展新机制的实施方案》,进一步从省域范围划定环京津核心功能区(包括保定市、廊坊市和雄安新区)作为北京非首都功能疏解区,为有序疏解北京非首都功能、科学谋划京津冀协同发展提供了战略支撑。

(二)坚持统筹推进与分类指导相结合原则

城市跨区域合作往往由于地方发展意愿不统一、成本分担机制和利益共享机制不完善以及考核机制不健全等原因,难以破除区域协调发展中的行政和制度障碍,使城市跨区域合作的协调和沟通成本大大增加。环京津核心功能区在空间范畴上包括保定市、廊坊市和雄安新区,实现环京津核心功能区的能级提升必须处理好环京津核心功能区整体发展与内部各地具体发展目标之间的关系,既要做到统筹规划,协调好各方利益关系,统筹推进环京津核心功能区城市功能优化,又要根据各地城市发展目标定位,系统有针对性地分类指导。

一方面,把握整体目标定位,建立统筹机制。环京津核心功能区城市发展重点是要抓好北京非首都功能疏解承接工作,然而如何对环京津核心功能区进行跨区域、精准化建设,有序承接北京非首都功能疏解,需要河北省政府从京津冀协同发展的大局出发,建立跨越行政边界的协调机制,制定环京津核心功能区承接产业转移的目标任务、配套改革政策以及具体工作方案。另一方面,精准把握各地发展目标定位,分类指导城市功能优化。在推进环京津核心功能区城市功能优化的过程中，内部各地城市特色不同，功能定位也存在差异性，要在把握北京非首都功能疏解的核心目标下，针对各地提出差别化的城市功能优化目标。

（三）坚持问题导向原则

城市功能优化的过程是一个动态发展的过程，环京津核心功能区进行功能优化，必须以城市功能定位为核心，坚持从解决当前影响城市功能优化和城市能级提升的突出问题入手，推动城市功能优化。

环京津核心功能区城市综合能级处于初级增长阶段，与北京市、天津市等地相比差距较大，在京津冀经济圈中经济发展优势并不明显，尚存在创新能力不强、人力资源匮乏、产业结构不合理、公共服务落后等诸多问题。这使得环京津核心功能区承接能力不足，一定程度上制约了承接北京非首都功能的效果和区域整体发展质量的提升，阻碍了打造世界级城市群及构建京津冀一体化新发展格局的步伐。此外，环京津核心功能区内部各地城市能级也呈现出了差异性。保定市经济能级和创新能级较低，经济辐射力、创新能力不高，但城市服务能级具有较强优势，城市基础服务设施较为完善。廊坊市经济综合实力较强，具有较为良好的创新基础和创新资源，然而城市服务能级有所欠缺。雄安新区自2017年开始建设，高新技术企业分批次落户雄安，基础设施和教育医疗保障日臻完善，经济增长活力动力强劲。环京津核心功能区应结合各地功能定位，以解决各地突出问题为导向，优化城市空间功能布局。

二、优化方向

（一）以精准城市功能定位作为城市能级提升的基本方向

城市功能定位是城市发展的"顶层设计"。其核心问题，是要回答在区域、国家乃至全球范围内，"我应该扮演什么角色"。合理的城市功能定位，有利于城市充分发挥自身在资源、区位、产业的优势，把握未来需求趋势及动态发展，有利于突出城市特色、发挥主导优势、明确战略方向、聚焦发展资源，提升城市的核心竞争力。环京津核心功能区城市能级提升要建立在科学精准把握区域整体及区域内部各城市功能定位的基础上，这是现阶段环京津核心功能区城市能级提升的基本方向。

环京津核心功能区紧邻京津，和京津在地理位置、历史渊源、经济联系等方面具有显著优势，是河北省综合研判"十四五"时期新形势和新要求，全力推动落实京津冀协同发展战略以及省内区域协调发展的重要战略支点。城市能级提升要把抓好北京非首都功能疏解承接工作作为发展的核心任务，完善配套政策、设施，全面优化承接环境，全力支持承接疏解项目落地建设和后续发展。

此外，鉴于环京津核心功能区在产业发展、地理位置、资源禀赋等方面的内部差异性，区域内部各城市要围绕环京津核心功能区作为非首都功能疏解区的角色定位，依托各地原有特色优势，科学精准把握城市功能定位，提升城市能级。保定市制造业基础雄厚，文化底蕴深厚，旅游资源禀赋突出，要立足于"非首都功能重要承载区、京津冀科技创新转化示范区、京津冀山水文化旅游休闲区和全国性综合交通枢纽""三区一枢纽"的城市功能定位，重点推进保定市先进制造业、文化产业发展，提升经济创新能级和服务能级。廊坊市地处北京、天津和雄安新区"黄金三角"核心区，北临首都国际机场。随着京津冀协同发展战略深入实施，北京城市副中心、北京大兴国际机场及临空经济区和河北雄安新区的规划建设，全域都处于重大国家战略支撑带动之下。要充分把握其区位优势和制度优势，立足"京津协同发展示范区、发展临空经济对外开放引领区、科技创新成果转化先行区、高端高新产业聚集区和京津走廊生态宜居城市""四区一城"城市功能定位，进一步强化城市流通和开放功能，为廊坊市发展提质增效。雄安新区的基本定位是疏解北京非首都功能集中承载地，相较于保定市和廊坊市，生态功能较为突出，应重点强化其生态承载能力，建设资源环境可承载的区域协调发展示范区，以此为基着力提升城市创新能级。

（二）以多层面制度创新作为城市能级提升的根本保障

制度创新是城市发展的基石和原动力，是城市产业布局优化、创新生态系统构建、公共服务均等化的源头活水，更是释放中国制度红利，实现中国式现代化和高质量发展的应有之义。

环京津核心功能区必须以多层面制度创新作为城市能级提升的根本保障。首先，创新区际利益补偿机制。环京津核心功能区包括保定市、廊坊市和雄安新区，在承接北京非首都功能，提升城市能级过程中，城市之间及城市内部必然涉及对既有利益进行复杂的重组和再分配。为了避免利益重组的过程中出现难以协调的局面，必须以城市功能定位为导向，创新区际利益补偿机制，促进区域协调发展。例如，完善多元化的横向生态补偿机制，健全资源输出地和输入地之间的利益补偿机制等，破除体制机制障碍，推动环京津核心功能区城市能级跃升。

其次，强化集成性制度创新，解决"点散面低"问题，形成集聚优势。环京津核心功能区城市能级提升是一个复杂的系统工程，需要多领域多部门协同发力。要坚持创新思维，加强制度改革系统集成，使各方面创新举措相互配合、相得益彰。充分发挥集成性制度创新优势，推动产业链式布局、集群发展，稳步协调推进城市功能优化与能级提升。

（三）以营造良好创新生态作为城市能级提升的核心引擎

创新生态系统实际上是以技术创新为核心，由企业、高校、科研机构等主体要素，创新人才、创新资本和科技、信息等资源要素，以及政府、市场、中介机构等辅助要素形成的彼此联系和相互作用的系统。良好的创新生态系统是环京津核心功能区通过承接北京非首都功能疏解，与北京优质前沿创新资源对接合作，促进北京科技创新成果孵化、转化，从而推动环京津核心功能区城市能级提升的重要保障和核心引擎。

随着京津冀协同发展和创新驱动发展战略的深入实施，环京津核心功能区在改善地方科研基础条件、优化科技创新环境、促进科技成果转移转化、承接北京市创新资源等方面取得了积极成效，创新生态系统已初具雏形。但原始创新能力不足、科研人才匮乏、协同创新体制机制不完善等问题尚未彻底解决。同时也应看到，由于长期以来受到京津"虹吸效应"的影响，环京津核心功能区主导产业的自主创新能力不强、核心技术受限等问题仍比较凸显，尤其是新一代信息技术、高端装备制造等战略性新兴行业技术研发能力弱的局面尚未得到根本改变。

针对环京津核心功能区创新发展，各地均提出了"十四五"期间的城市发展目标。《保定市国民经济和社会发展第十四个五年规划和二〇三五年远景目标纲要》中提出要将保定打造成北京创新成果孵化站，高标准建设保定·中关村创新产业园，加强北京相关科创机构、科研院所落户保定，形成"北京研发设计、保定产业化制造"的协同创新格局。《廊坊市城市总体规划（2016—2030年)》中明确提出要深入对接京津创新源头，畅通京津科技成果转移转化渠道，打造科技成果孵化转化首选地。《河北省雄安新区规划纲要》中明确提出要发展高端高新产业，推动产学研深度融合，建设创新发展引领区和综合改革试验区，将雄安打造为京津冀协同创新重要平台。由此可知，环京津核心功能区的创新发展将以保定市和廊坊市作为北京市创新成果转化的主要目标，而雄安新区将成为创新平台建设、核心技术研发的主要阵地。

环京津核心功能区应抓住承接北京非首都功能疏解的"牛鼻子"，结合各地城市创新发展目标定位，针对影响地区创新能力提升的断点、堵点，充分发挥各地创新优势和科技创新基础条件，积极吸纳和集聚创新要素资源，使区域内特色产业、科创资源与人才整合流动起来。加强前瞻性基础研究和应用基础研究，提升原始创新能力，营造良好的环京津核心功能区创新生态系统，推动环京津核心功能区城市功能优化和能级提升。

（四）以优化产业布局作为城市能级提升的强劲动力

产业布局表现为各种资源、各种生产要素甚至各产业和各企业为选择最佳区位而形成的在空间地域上的流动、转移或重新组合的配置与再配置过程，产业布局优化事实上就是区域内产业布局合理化和主导产业高级化的过程。其中，主导产业高级化是产业布局优化和区域经济发展的核心，它决定着区域经济发展的方向、速度、性质和规模。科学规划环京津核心功能区产业空间布局，做优做强主导产业是环京津核心功能区城市功能优化和城市能级跃升的强劲动力。

随着京津冀协同发展的深入推进以及北京非首都功能疏解工作的有序开展，环京津核心功能区产业结构转型升级取得明显进展。然而，从产业空间布局来看，环京津核心功能区内部城市间产业结构存在一定的趋同化现象，产业集群通常以产业间水平分工为主，垂直分工布局不明显，产业链动力和互补性不强。产业结构趋同化使得环京津核心功能区生产产品单一化、企业产能过剩、生产资源浪费、产业链条薄弱、产业链抗风险能力较差等问题突出。此外，环京津核心功能区各地区明确了各地主导产业，保定市确立了"医车电数游"、超低能耗建筑、都市型农业等七大主导产业；廊坊市将现代商贸物流产业列为全市主导支柱产业，致力于打造京津冀现代商贸物流基地；雄安新区围绕新一代信息技术产业、现代生命科学和生物技术产业、新材料产业、高端现代服务业以及绿色生态农业等产业布局现代产业体系。但主导产业整体发展质量不高，规模化集群尚未形成，产业链仍需强链、补链、延链。

环京津核心功能区的城市功能优化必须以区域产业布局优化为基础，精准打造各城市产业发展定位，做大做强主导产业，全面构建支撑环京津核心功能区高质量发展的现代产业体系。

（五）以推动公共服务均等化作为城市能级提升的重要支撑

基本公共服务均等化并不是简单的"平均化"，而是指通过公共资源的再分配与公共服务供给体制的重新整合，公平地提供公共产品满足居民需要。通过落实各项基本公共服务及均等化措施，实现公共服务均等化，一方面可以满足居民在基础设施、公共医疗、社会保障等方面的基本需求，有利于促进社会和谐稳定，提高城市发展质量；另一方面可以缩小城乡、区域和不同社会群体之间的收入差距，引导资源要素在区域间更合理地流动。深化环京津核心功能区与北京在养老、教育、医疗等领域协作，积极推动基本公共服务均等化，是确保区域内低成本疏解、高效承接的必要条件和重要保障，是提升环京津核心功能区城市发展质量和城市能级的重要支撑。

环京津核心功能区作为河北省承接北京非首都功能疏解的主要承接地，其教育、医疗、社会保障等基本公共服务水平、质量层次与北京差距仍然明显。主要体现在：一是基本公共服务种类和质量落差大，特别是社会保障、教育文化和医疗卫生方面的差距突出，优质资源集中在北京；二是基本公共服务均等化法律体系和共建共享机制尚未形成；三是公共财政收入差距悬殊。必须将推动区域基本公共服务均等化放在环京津核心功能区城市功能优化的突出位置，通过推动基本公共服务均等化，缩小地区间基础教育、公共医疗、社会保障等方面的差距，吸引人力要素和社会资源向环京津核心功能区集聚，以服务能级的提升带动城市综合能级的跃升。

第二节 环京津核心功能区城市功能优化与能级提升的实现路径

环京津核心功能区城市功能完善与城市能级提升，要坚持以习近平新时代中国特色社会主义思想为指导，顺应城市发展规律，转变城市发展方式，明确各城市功能定位，向上对接京津冀协同发展战略，向下整合环京津核心功能区、各城市周边区域，综合平衡自身定位、产业基础、资源禀赋、宏观环境等条件，找准各城市定位和发展方向，坚持走彰显该功能区特色、发挥区域城市作用、提升城市竞争力的发展道路。主动加强功能区内外基础设施互联互通与规划对接，进一步整合资源，实现功能布局有效融合、基础设施有机统筹、生态环境共保共治、公共服务资源有效共享，抓好牵头事项，积极推动重大项目落实落地。

一、发挥政府和市场的"双引擎"驱动作用

（一）发挥政府"引擎"作用，创新体制、加强区域治理、协调机制及配套政策

建立横向协调与纵向协调相结合的协调机制，统一部署区域发展的重大战略问题；创新区域投融资机制与合作模式；设立区域合作基金，提升政策性资金的使用效率和发挥其"杠杆"效应，集中财力办大事，突出财政资金"杠杆"功能和引导作用；解决好廊坊、保定与雄安新区的社会保障、教育和医疗卫生等政策衔接，推进公共服务一体化发展。不断完善环京津核心功能区域发展工作推进机制，凝聚工作合力。

同时，加强数字政府建设。提升数字政府建设水平是实现城市治理体系和治理能力现代化的重要举措，也是实现环京津核心功能区城市功能优化和能级提升的关键节点。首先，构建一体化政府云平台及政务数据体系，推动政务数据共建共享。强化政府云支撑能力，统筹各地政府云平台建设，对接互通全省一体化政府云平台；遵循"一数一源一标准"原则，汇总各地政务信息资源，推动公共数据信息有效利用；完善政务数据共享交换平台建设，实现各地政府间数据资源共用共享，提升政府运行、管理协同和跨地业务服务效能。其次，借助互联网、大数据、人工智能等技术手段，推动政府管理理念和工作方式的变革创新，积极探索数据跨境流动、数字人民币、数字税收等新治理领域，拓展政府治理服务空间，全方位提升政府治理服务效能。此外，强化数据监测体系建设，提升政府数字化管理能力。构建全方位多维度的基础数据库和多元协同监管体系，运用大数据构建经济生产、生活生态等方面的监测预警体系，提升政府决策的科学性、协调性和有效性。

（二）发挥市场"引擎"作用，重点培育要素市场

完善区域人才市场，促进人才流动；建立京津冀人才共享机制、开发机制、流动机制和协作机制，共建开放有序的人才市场；完善区域技术市场，促进技术合作，整合和提升现有技术平台，打破行政壁垒，打造技术交易市场，推广网上技术交易，提高交易效率，促进产业融合；完善区域资本市场，促进产业对接；完善区域信息共享平台，提高信息利用率。

二、持续完善区域协调发展机制

聚焦要素市场一体化、基本公共服务均等化、区域政策调控机制等方面，不断完善区域协调发展机制。

首先，健全要素市场一体化发展机制。全面深化区域要素市场一体化改革，完善统一的区域要素服务链条，推动共建土地、人才、数据、产权、资金、技术等一体化区域要素市场；加快科技要素、资质认证、市场准入和政府服务等与京津实现政策共享、共认互通，构建统一开放的要素市场体系；完善区域交易平台和制度，建立健全用水权、排污权、碳排放权初始分配制度。

其次，不断推进基本公共服务均等化。逐步建立权责清晰、财力协调、区域均衡、标准合理、保障有力的基本公共服务制度体系和保障机制；推动地区之间、城乡之间基本公共服务内容和标准的一体化衔接，构建跨区域跨城乡流转衔接制度，统筹推进区域基本公共服务体系建设。

最后，完善区域政策调控机制。重视政府政策的引导和调控作用，在充分把握各城市发展定位和发展现状的前提下，切实提升财政、科技创新、产业、环境保护等方面政策的准确性与有效性。

三、充分发挥雄安新区的牵头作用和示范效应

作为河北省管辖的国家级新区——雄安新区，主要定位是疏解北京

非首都功能集中承载地，重点承接北京行政事业单位、金融机构、高校研究院所等。与通州成为北京发展新两翼，有效吸引北京人口和非首都功能疏解转移。要坚持"世界眼光、国际标准、中国特色、高点定位"，建设一座"绿色低碳、信息智能、宜居宜业、较强竞争力、人与自然和谐共生"的现代化城市。经调查研究，雄安新区城市能级的提升是雄安新区经济社会发展质量提升的重要途径，也是京津冀城市群协同发展的有效动能。通过进一步提升雄安新区城市能级，有效带动雄安新区综合影响力和溢出效应，助力京津冀城市群协同发展，最终为京津冀世界级城市群建设提供重要支点和"引擎"。

（一）有为政府和有效市场相结合

雄安新区在承接北京非首都功能过程中，重视好有为政府和有效市场的有机结合。首先，充分发挥政府顶层设计和规划制定的引导作用，形成强制疏解的政府推力，辅以相关政策的制定，推动雄安新区在功能定位下的有序发展。打破地方行政壁垒和市场垄断，建立一个开放、统一、公平的市场，充分发挥市场在资源配置中的关键作用，逐步增强雄安新区的市场吸引力，为河北发展吸引更多要素资源。

利用政府的宏观调控，发挥好政府的引导作用，对市场进行合理约束。例如，针对首都所疏解出的国有企业、事业单位、科研院所、医疗、金融等机构制定相应承接方式，不断促成雄安新区的非首都功能疏解。

（二）充分发挥制度优势

要把雄安新区打造成为"北京非首都功能疏解集中载体承载地"，就必须持续强化制度供给，遵循政府因势利导的外驱发展模式。根据《中共中央 国务院关于支持河北雄安新区全面深化改革和扩大开放的指导意见》，雄安新区的制度体系目标是构建"有利于增强对优质北京非首都功能吸引力、符合高质量发展要求和未来发展方向的制度体系"。雄安新区将不断深入融合京津冀地区的协同发展战略，集中力量做好非首都功能承接，优化并持续落实"两翼"带动战略。一方面，为集中承接北京非首都功能，雄安新区与北京城市副中心一同构成了北京市新的"两翼"；另一方面，为实现河北经济高质量发展，雄安新区还与张北地区共同形成了河北"两翼"。不断贯彻落实"四个片区"协同开放战略，加强与曹妃甸、正定、大兴机场片区的联系，通过四个片区的区域协同开放发展，合力助推京津冀城市群从海陆空三个维度与世界的互联互通。积极推进与北京"三城一区"的对接，不断完善京津冀协同创新体系，让北京高端高新技术企业和创新人才"转进来、留得住、发展得好"。

为打造成为新发展理念的创新发展示范区，雄安新区坚持走创新发展之路，创造性地提供适合北京非首都功能疏解的政策环境和创业环境。通过京津冀城市群高水平的制度建设，将为创新创业提供良好的商业环境和条件。雄安新区的制度优势将不断吸引北京高科技企业和高端创新人才，使其成为北京非首都功能疏解的核心承载地。

（三）建立健全人才吸引机制

为了将雄安新区打造成贯彻落实新发展理念的创新发展示范区，相关部门做好统筹安排，高效、有规划、有计划地推动创新资源和高层次要素系统地向雄安新区聚集；必须建立完善的吸引非首都功能区的遴选机制和吸引优秀创新人才的机制。要充分体现优秀人才的引领作用，减少人才资源的浪费。要通过建立完善的社会保障制度和养老保险制度，建立雄安新区与国际国内各地区之间人力资源流动的可靠机制，引导劳动力自由畅通流动和多向流动。

通过吸引北京地区一流的综合类高等院校、优质科研机构、高精尖企业入驻，来确保雄安新区对创新型人才的供给。在《河北雄安新区居住证实施办法（试行）》和《河北雄安新区积分落户办法（试行）》的基础上，结合"两个不低于"和"人才特区"政策的实施，从而实现转移至雄安新区的高端创新人才享受到不低于北京的基本公共服务及工资水平。以"三校一院"和雄安大学等项目为主要着力点，积极引进北京的科研、医疗、金融、教育等机构，吸引全球顶尖科研人员在雄安新区的落户，打造适合顶尖人才的工作岗位和就业鼓励政策，促成雄安新区的高水平人才集聚机制，构建对北京的"反磁力中心"。

四、将环京津核心功能区建设成为京津冀协同发展功能示范区

（一）创新环京津核心功能区流通制度

环京津核心功能区在高质量发展理念带动下，城乡协同发展，坚持以人为本的发展理念，实现由点带线到面的长效发展机制，努力打造区域融合发展示范区。在新发展格局下，要求完善河北四大战略功能区协调发展，促进各类要素在环京津核心功能区的便捷流通和优化配置，打通功能区大循环堵点。不断进行该区域市场经济运行机制的创新，建立良好的市场沟通机制，充分发挥保定—中关村创新中心区等平台优势，加强区内的管理、环境、监管等关键环节的制度协同，用政府权力的"减法"，换取市场活力的"乘法"。充分有效发挥政府的作用，促进政府和市场协同有效发展，在政府规划调整的基础上进一步促进市场发挥资源配置效应，完善科研成果转化、技术人才激励等相关制度，加快承接非首都功能疏解，积极探索人才畅通流动机制，有序推动区域流通制度完善，促进协同管理机制形成。

在制度完善之时，要敢于进行方法创新，尤其是针对当前城市发展根存已久"疾病"的治疗，要敢于下"猛药"，激发城市发展创新活力。通过以点带面的形式，逐步推进新区建设发展，将试点结果发挥长效作用。

（二）加快促进环京津核心功能区基础设施的互联互通

当前，区域内外交通体系构建朝着快速畅达方向发展是至关重要的。按照区域、市区、乡镇三级标准，在积极融入京津冀城际交通体系过程中，加快建设新型轨道交通工具，加快构建覆盖城乡一体的全域公共交

通网络体系。保定、廊坊及雄安新区建成 10 分钟发车间隔的主城区快速公交系统、20 分钟发车间隔的市—郊公交系统、30 分钟间隔的城市间交通系统，全面提升环京津核心功能区主城区出行环境；同时，进一步将多种运输方式充分衔接，构建对外联通、对内畅达、功能齐全、层次分明、结构合理的综合交通运输体系。另外，助力环京津核心功能区基础设施建设过程中形成一体化的管理模式、技术指标，减少保定、廊坊、雄安新区基础设施的制度差异，避免互联互动机制的乏力与失调。

五、增强环京津核心功能区产业综合竞争力

（一）突出环京津核心功能区创新功能

城市发展的深层次原因来源于创新。首先，要从理念创新角度来转变经济增长机制，充分利用技术创新和管理创新，提高劳动者素质，解决城市发展过程中的深层矛盾，逐渐培育城市规划新优势。其次，需要加强载体创新，以企业国际化发展为抓手逐步推进城市国际化趋势，以园区国际化为载体提升功能区国际化发展水平，申请设立国家级经济技术开发区和高新技术产业开发区。再次，依靠科技创新不断实现技术突破，实现产业创新与技术创新的有效衔接，为城市产业发展提供原动力，运用科技创新提高产品技术水平，为产业进入全球中高端价值链水平提供有力保障。最后，加强体制机制创新，敢于挑战和尝试新体制机制，通过不断改革完善监管环境和理念，为企业的科创进步发展提供更为优质高效的服务，同时也推动创造更为公平便利的市场环境。

廊坊、保定和雄安新区三地由于资源禀赋差异，在提高科技创新水平时侧重点和具体措施存在一定差异性。对于雄安新区而言，其创新能力相对较强，应当更为积极地落实创新驱动发展战略，积极吸引和集聚国际创新要素，绽放更高水平的创新开放度，加强新区与其他功能区间的协同创作能力，提高高技术企业成果转化能力和溢出效应。对于科技创新水平相对不高的保定和廊坊来说，需要进一步加强科技创新投资力

度，弥补科技"短板"，采取一定措施促进创新要素集聚，吸引创新人才入驻，加强专利申请和授权力度，在不断完善创新成果转化平台的基础上，提高其科技产出能力。政府部门不断完善科技创新发展环境，优化体制机制改革，加大财政支持力度，以地区优势产业作为切入点，重点扶持和培育龙头企业创新能力，以此形成创新产业集群，进而吸引其他行业的创新能力，实现以点带面的模式，提升保定和廊坊市的自主创新能力，从整体上提升环京津核心功能区的创新发展。

（二）优化城市功能空间结构，提升区域经济综合竞争力

作为现代社会区域经济发展要素及产业的核心空间载体，城市功能的空间结构优化主要是通过不断完善、调整其产业结构实现的。同时，若实现产业结构高度化发展，需伴随相符的城市化发展，需要与之相匹配的空间载体。若缺乏产业转型升级的特定空间载体，将无法实现产业结构的全局高度化。城市在产业结构的持续升级过程中，不仅促进了城市建设进程效能的增强，而且还是现代城市化的一项重要推动力，产业结构的升级促进城市化模式、城市地域形态的有序变化。因此，产业结构的升级与城市空间扩展、城市新区开发、城市职能体系变化相辅相成，为其城市化诸多方面的空间支撑和需求拉动提供动能。

依照城市功能区分，可将城市空间分为生产、生活与生态空间。城市生产空间可表示为城市产业布局情况，为实现城市生产空间优化，需从通勤等问题入手，调整产业布局，实现城市产业集聚，即实现城市企业在空间上的集中分布。同时，通过共享城市劳动力市场、关联投入产出和知识溢出机制，不断提高城市生产空间的集约利用水平与产业发展效率。城市生活空间是居民居住、就业和购物等生活空间布局，主要是由住宅、工业及商铺选址决定的。为实现生活空间的重构和优化，需要在城市各类生活空间原有布局基础上，调整和优化居民居住空间与其他活动空间的相对区位，重点调整居民到各类生活活动空间的相对距离及可达性。为促进生活空间优化，需不断优化就业空间的可达性，即降低

居民通勤距离；不断优化服务空间的可达性，即调整居民居住空间与服务空间的相对距离；不断提高公园绿地的可达性，在此基础上提高居民生活质量和便捷度，改善居民生活环境。不同城市生态空间结构和布局存有一定差异，对生态环境的影响也是不同的，所以，调整城市生态空间布局是以促进城市生态环境质量与居民生活质量提高为目的。生态空间优化与生产空间和生活空间调整是相辅相成的，通过创建人类活动与周围环境的相互作用、动态平衡的效能系统，实现生态空间的完善升级以达到促进生产与生活质量提高的目标。

六、强化产业链枢纽作用

（一）强化环京津核心功能区主导功能

主导功能是指在城市诸功能中处于突出地位和主导作用的功能，影响或左右城市其他功能的运行，对城市的性质和发展方向具有决定作用。环京津核心功能区各城市主导功能定位需要考虑城市本身发展、与京津冀协同发展间的良性互动两方面的内容。

环京津核心功能区根据各城市功能定位，进行主导业态的建设，借用各城市主导功能，进一步发挥环京津核心功能区城市功能引领、组织和带动作用。生活功能包括服务、设施部分，当前该功能的发展水平已成为衡量城市功能和综合实力的重要标志，因此为进一步提高城市功能和城市综合实力，需加快服务业发展、加强基础设施建设；在生活设施方面，科学规划建设一批城建项目，补短板、促提升、创特色，新型基础设施是实现产业升级和城市高能级发展的关键要素，在基础设施基础上，不断加快布局 5G 网络、工业互联网和物联网等新基建的建设。由此，城市能级不仅体现出城市经济发展水平、现代化水平，也是城市功能水平和城市影响、控制力水平的展现。

另外，城市功能、城市发展品位与城市实力的具体体现是经济发展和生态保护的共存共生，因此，由于服务业的能源消耗对环境依赖度较低，大力发展金融、物流和信息等现代服务业，不仅能够提升城市经济发展水平，也有助于实现产业有效升级、城市高质量运行，减少对自然资源的依赖和对环境的破坏，有助于环京津核心功能区的持续性发展，也会进一步强化保定市"生活功能—生态功能"和廊坊市的"生产功能"的专业化水平。

（二）加强产业动态配置和整合力度

环京津核心功能区发挥其辐射引领作用，统筹与沿海率先发展区、冀中南功能拓展区、冀西北生态涵养区等区域的生产力布局，空间溢出效应带动贫困区域发展。因此，应借助京津先进生产力大力发展区域合作，加深与京津及其他功能区的产业合作、对接与转移，进一步加强其在京津冀城市群产业链的枢纽作用。例如，保定市在输配电设备、汽车制造领域具有显著优势，在提高其创新能力基础上，完善保定市创新转化环境，吸引北京相关技术成果在保定落地。环京津核心功能区与京津、其他功能区形成强韧产业链，逐渐将京津相关技术成果在核心功能区落地、延伸，进而实现环京津核心功能区在商贸、高端制造业、信息技术等产业的高质量发展，有助于打破落后地区发展"瓶颈"，缩小区域间收入差距。

在新一轮产业革命背景下，环京津核心功能区顺势而为，在承接北京非首都功能基础上，以科技创新为驱动，打造数字服务平台、金融科技平台，逐步建立数字产业集群，带动区域资源整合，为提升该区域在京津冀及全国产业链中的地位提供支持。

（三）畅通要素流通渠道

首先，完善交通设施。区域功能一体化及各城市间有效合作均离不开发达的交通网络。结构完善、内外通达、运力强大的综合交通系统是都市圈城市间高效运行的必要条件，也是其内部整合、外部交往的有力保障。各城市间要素流通主要表现为人流、物流、资金流、信息流、企业流等多种流态的集合与辐射。在要素流通畅通情况下，企业可找到最佳的生产区位，要素可流通到生产效率最高的地方，各个城市在城市功能分工中找到发展机遇，通过承担与自身地位相匹配的分工实现经济发展与功能提升。根据区域经济一体化要求，环京津核心功能区构建多节点、网格化、全覆盖的交通网络体系，全力打造统一开放的区域交通网络格局，不断提高交通运输组织和服务现代化水平。为减少环京津核心功能区内各城市的通勤时间和通勤成本，可打造高效密集的轨道交通网络、方便通畅的高速公路、高铁、城际铁路等立体交通网络，实现人口、产业、资金等各生产要素在该功能区内快速、高效、便捷流通。

其次，消除各生产要素流通障碍。大城市对人口的集聚作用大于小城市，在提升环京津核心功能区城市功能与能级过程中，要以市场为主导，降低人口自由流动的制度约束，减少人口城镇化的制度壁垒和成本，抓住疏解首都非首都功能机遇，各城市内提供均衡优质的基础设施和公共服务，在缓解北京人口过度集聚的同时，进一步提升环京津核心功能区的环境承载力。在医疗、教育方面，环京津核心功能区适度增配医疗和教育资源，合理增加医院和学校供给，逐步实现功能区内公共服务均等化，提升服务配套设施，增强人口吸引力。

因此，秉承互惠互利原则，努力探寻环京津核心功能区内部与周边地区合作协调发展机制，推动资本要素回流与循环。伴随信息和交通等基础设施的不断完善，环京津核心功能区加快形成与京津功能互补、协调联动的核心区域，实现产业层次跨越，提升创新能力。实现与沿海率先发展区、冀中南功能拓展区、冀西北生态涵养区等区域的合作，逐渐形成区域合力，共同构成多极支撑、网络互联的空间发展格局，促进资源要素在更宽、更广范围内畅通流动，实现高质量流通体系的空间组织功能，为京津冀城市群延链、补链、强链"添砖加瓦"。

七、打造成果发展共享"试验田"

由于环京津核心功能区城市的总体实力较弱，辐射带动力不明显，处于积聚大于扩散的阶段，导致区域内各市区的能级发展水平差异较大，不同城市发展差距较大。加快保定、廊坊和雄安新区发展，缩小公共服务差距，实现基础设施互联互通，对促进区域协调发展和能级提升具有重要意义。

（一）缩小环京津核心功能区与京津公共服务差距

高能级的公共服务能力是一个城市的吸引力所在，并且是将城市建设成为一个宜居和谐状态的关键点，尤其在教育、医疗、文化、体育等方面。为落实国家政策，建立起符合区域一体化标准的公共服务标准体系，需要进一步推进标准化、系统化的公共服务发展，充分融合均等化、标准化的要求，为进一步贯彻好公共服务供给机制和体制，制定财政事权的基本标准，相关部门将按其职责与职能划分做到分层、分类精准管理。以执行标准化的信息公开程序，共享信息资源，推动公共服务能力的发展，推进环京津核心功能区朝更公平、更高水平方向发展。随着多层次立体交通网的基本建成和京津冀1小时生活圈的基本形成、交通体系的不断完善，促进了人民出行便利，延伸了生活空间，进一步满足了京津冀三地更高要求的跨城公共服务需求。

第一，进一步加大公共服务数量供给，及时了解环京津核心区域基本功能服务发展的障碍所在，重点关注教育、医疗、养老等人们最关心问题的解决情况，加大投入先进医疗资源和优秀人才的引进，与京津优秀医疗资源建立常态化共享机制，推动医疗水平整体提升。在社会公共服务多元供给机制的建立方面，加大投入力度，健全政府、社会两方的沟通协调机制；推进相关社会组织和人才的培养、培训机制，重视服务效率和质量的提高。第二，关注社会发展存在的老龄化问题，探索养老新范式，学习功能区内优秀社区养老服务机制和市场化养老新机制，推动养生养老产业发展，实现与大健康产业的交汇发展。第三，要加强对外交流、学习，尤其是对于具有优质教育资源、医疗资源的地区，适当进行优质资源引进。立足文化要素资源，进一步推进全民健身计划开展，促进群众幸福感和获得感的提升；明确住房定位，发挥房产作用，减少房产炒作，推动住房供需和谐发展，建立多层次、高效率的住房保障政策，通过创新住房发展体制机制，优化发展模式，确保政策配套、落地。

（二）缩小城乡公共服务差距

城市的健康运行离不开各项功能的耦合协调发展，环京津核心功能区的不断发展过程，是城镇化不断推进的过程，也是城镇化发展必不可少的一环，更是城镇化发展的典例。通过将公共服务延伸到农村，将重点公共资源在农村落地，完善公共服务保障机制。

一方面，在功能区内通过城镇为乡村提供就业机会和岗位，促进劳动力流动，进一步推进功能区城镇化、工业化进程发展，加大对乡镇企业的职业培训和扶持力度，从思想和技术上提高劳动力的职业素养，提升乡村劳动力水平，使人力资本转移朝着高质量方向发展。

另一方面，立足户籍制度改革，借助就业人口吸纳、聚集方式，将户籍制度与产业发展同步推进，充分发挥人口聚集、吸纳就业功能，缓解因农村劳动力工作流动性强、工作不稳定带来的乡村劳动力拓展就业空间受限等问题，进一步促进产业发展功能与吸纳就业功能同步发展，并完善教育、医疗等基本公共服务体系建设。

（三）加快创新社会治理

随着城市化进入高质量发展阶段，创新社会治理能力、优化城市能级具有重要意义。在治理结构方面，基于社会治理对象的不同，因地制宜，通过设立网格化的服务中心，分别设社区服务中心、物业服务中心和商业服务中心，通过不同功能中心，满足民众诉求，及时有效解决各类问题，得到高效率治理的状态，达到简政放权的目的。在治理机制方面，城市治理通过转变之前被动处置方案，加大主动预防，通过网格集成融合综合治理，加大"全方位，无缝隙，精细化"管理，政府部门之间协调一致，对民众合理需求有解有答。

基于此，在环京津核心功能区内进行各城市层级政府协同合作顶层设计机制的建立，提升空间规划质量，加大城市管理、运营交通多方面的协调管理力度，精细社会治理，强化党建引领，健全社会参与机制。在社会治理方面，通过制度设计、运营和优化等方面的发展，让更多主体主动参与社会发展，打造多主体协同治理新格局。通过建立标准化体系与国内外先进城市对标，进一步完善城市管理工作所涉及的具体范围、职责、流程。对市政在设施运行维护、数字化管理、环境卫生等工作标准，进一步做出精准化梳理，使其成为精细化管理的标尺和依据。在公共服务方面，促进"智慧城市"的打造和建立，将互联网、移动互联、人工智能、大数据及云计算等数据优势和新型技术充分应用，提高电子政务利用比例，使地方治理朝着精细化方向推进，使决策充分反映民意，以保障最大化公民利益为立足点，通过创新现代化治理模式，融合民主治理，引入中心治理，推进社会利益矛盾解决，推进公民参与治理机制，重视公共需求变化，并有效解决需求矛盾，及时满足合理化需求，推动城市治理能力和效率的提高。

八、提升全球资源配置能力

环京津核心功能区肩负着服务雄安千年大计、引领京津冀协同发展、参与打造世界级城市群的发展重任，在国内外双循环新发展格局下，功能区面临复杂激烈的内外部竞争，更需要具有全球的视野，要进一步扩大和深化对外开放，促进和提升环京津核心功能区全球资源配置的能力，为打造世界级城市群、构建新发展格局提供强有力的支撑。

（一）全面构筑现代产业体系

产业主导权是提升全球资源配置能力的基础，依托优势产业的话语权和控制权，提升城市对资本、技术、人才和信息等资源的全球配置能力。当前，世界经济正加速数字化转型，全球正开展新一轮科技革命，环京津核心功能区建设正处于"京津冀协同发展""雄安新区千年大计"等国家重大战略的机遇期。抓住世界产业变革大势以及国家重大战略的历史机遇是提高环京津产业发展层次和水平、全面构筑现代产业体系的关键。

一方面，要着力提升以城市生产性服务业能级为重点的现代服务业，大力发展网络经济、高端制造、生物经济、绿色低碳等新经济领域，超前布局人工智能、超级材料等战略前沿领域，深度融入全球中高端价值链、产业链，加速推进创新链、人才链的形成，并辅以产业转型升级，提升功能区产业链、技术链的全球影响力和整合力。另一方面，加强环京津核心功能区与京津、国内其他地区的合作，着力构建和完善本土产业分工体系，培育国际分工竞争优势，提高环京津核心功能区在全球产业链中的地位和影响力。

（二）完善国际化营商环境

良好的国际化营商环境可以吸引各类高端资源要素集聚和配置，提升地区以人才、资本、技术等为核心的综合竞争优势，是提升全球资源要素配置能力、促进地区高质量发展的重要保障。完善环京津核心功能区国际化营商环境，可以重点从两方面着手。首先，加快基础设施建设，营造良好营商制度环境。着力构建数字政府公共基础设施和公共平台支撑体系，加快政府外网、政务云、政务大数据中心和安全保障体系建设。加快建立公平开放、透明高效的制度环境，深化简政放权，全面推进贸易便利化、投资自由化，不断提高营商环境便利化水平。其次，依托现代商贸物流体系扩大经济开放度，引导资源要素汇集。以廊坊临空经济区建设为引领，充分发挥北京大兴国际机场航空枢纽作用，引进国际领先的专业航空物流龙头企业，形成有竞争力的、辐射全国的物流服务体系，形成链接世界主要市场的物流通道，畅通资源要素流通渠道。

第三节 环京津核心功能区城市功能优化 与能级提升的具体对策

面对京津冀协同发展的迫切要求，环京津核心功能区必须在优化城市功能基础上，提升城市能级，着力发展科教文化资源优势，发掘创新发展潜力，以高端制造业为核心加快经济增长，拉长服务产业链条，提高城市凝聚力、辐射力和影响力。

一、实现科创引领，在新兴产业集群发展中求突破

环京津核心功能区在高质量发展过程中，需精准承接京津产业转移集聚创新资源，积极主动与河北省省内沿海率先发展区、冀中南功能拓展区、冀西北生态涵养区等其他功能区之间分工合作、优势互补，充分发挥地理位置优、市场活力强的优势，以科技创新推动传统产业数字化、智能化发展，集中力量发展新一代信息技术、人工智能、新能源、新材料、高端装备等战略性新兴产业，加快构建战略性新兴产业融合集群，为实现环京津核心功能区城市功能优化和能级提升开辟新赛道，塑造发展新动能。

首先，就雄安新区而言，已进入大规模建设与承接北京非首都功能疏解并重阶段，产业和创新要素集聚的条件逐渐完善，这为雄安新区实现弯道超车、优化产业结构、培育壮大战略性新兴产业提供了重要机遇和良好条件。未来城市发展应该联合"政府—高校—企业"多方资源，着眼于行业企业发展需求，着眼于战略性新兴产业布局，筑牢数字化创新底座，打造一批实力强劲的国家重点实验室、科研院所、企业研发机构等；以现代信息技术为支撑，着眼于雄安新区发展实际，推动传统产业转型升级，探索推动人工智能与业务新场景的深度融合；聚焦重点关

键领域，连点成线、连线成面，构建战略性新兴核心产业集群。一是在信息技术领域，重视区块链、人工智能等高端信息技术开发，在人工智能开放平台、数据资源共建共享等方面取得新进展和新突破。二是在医药健康领域，推动脑科学、基因工程等生物医药高端技术发展，培育高端生物制品，创新药产业链条，加速生物医药产业集群高质量发展。三是在电子商务领域，着力建设以"跨境贸易＋数字经济＋产城融合"为基本特征的跨境电子商务综合试验区，依托于此，引导跨境电子商务发展，提升区域整体创新要素集聚能力，推动区域产业数字化、智能化发展。

其次，就保定市而言，聚焦数字经济、生物经济和绿色经济，加快培育发展新能源和智能网联汽车、新能源和智能电网、生命健康、信息智能等产业，打造京津冀先进制造业基地，依托长城企业率先将新能源和智能网联汽车产业打造成世界级产业集群，并做大做强高端装备制造业和电力智造产业，促进产业组织形态向链群转变；大力发展轨道交通、航空航天、智能装备、海洋工程等重点领域，建设国家新型工业化产业示范基地，重点发展光电、风电、输变电和智能电网设备，打造"保定·中国电谷"升级版，加快形成"碳中和产业之都"；加快发展新一代信息技术、新材料、节能环保等新兴产业，改造提升食品、纺织服装、绿色建材三大传统产业，打造一批具有全国较高知名度的特色产业基地。同时，积极谋划部署氢能源、基因编辑、虚拟现实、区块链等未来产业。随着数字化时代发展，率先发展数字经济和生物经济，把握产业发展方向，打造高质量发展新"引擎"。推进数字产业化、产业数字化、治理数字化，推动数字经济与实体经济深度融合。强化顶层设计，优化数据产业空间布局，创建大数据服务产业集聚区，建设数字城市，打造在细分领域领先的数字经济新高地；发展生物经济，依托京雄保石生命健康产业廊道优势，积极承接北京生物产业科技成果转移，建设国家区域医疗中心、国际医疗基地，构建多学科融合的医疗卫生服务集群和产学研联动的生命健康产业集群。

最后，就廊坊市而言，充分发挥交通、政策和成本等方面的优势，加快发展物流枢纽建设，做大做强现代商贸物流业，筑牢实体经济发展基石，为集聚创新要素提供良好基础；重点支持新一代信息技术和人工智能产业集群发展，充分发挥京东方、维信诺、润泽科技、华为公司、廊坊智恒机器人等不同领域企业的"头雁"作用，着力构建新型显示、大数据存储、人工智能等核心产业链条，培育京津数字产业转移重要承载地和全国数字经济高地，为城市产业数字化固牢创新之源；传统产业转型升级和发展新兴产业双轮驱动，一方面深入推进传统产业高端化、智能化和绿色化，另一方面聚焦高端装备制造业、新材料和新能源、生物医药健康产业发展，推动产业集群发展，加快数字产业化和产业数字化，合力构筑现代化产业体系，推动城市高质量发展。

二、完善环京津核心功能区各城市功能，在聚散能力上下功夫

提升环京津核心功能区各城市要素聚散能力，增强区域辐射影响能力。结合环京津核心功能区实际建设发展需要，布局"多片的"功能板块。

首先，保定持续优化空间布局，推进绿色低碳转型发展，推动各县"三线一单"精准落地，加快产业布局优化，推动各类园区提档升级，科学确定主导产业、规模、园区内产业布局等，持续淘汰过剩产能，推进水泥、火电、煤炭等重点行业压减产能，实施重点行业产能总量控制政策，推动结构性去产能向系统性优化产能转变，促进传统产业绿色转型升级，进一步优化能源结构、完善交通体系；为精准承接非首都功能，烘托商业氛围，加深文化韵味，形成二者有机融合的综合生活区域。

其次，廊坊市结合全市产业和城镇化发展格局特征，积极对接京津冀协同发展规划，推动包括三河市、香河县、大厂回族自治县在内的北部区域进行协同发展，加快推动北三县与北京市通州区高质量发展，重点加强京津交界区生态空间建设与开发管控。燕郊组团重点发展科技创

新、商务服务、健康养老等；三河组团重点发展科技创新和商务服务；香河组团重点发展健康养老、智慧物流、科技创新等；中部作为发展引领区，充分发挥临空经济区对周边区域的辐射带动作用，重点加强区域产业布局优化、人居风险防控，提升临空经济区廊坊片区森林覆盖率，以公园体系、河流水系为重点，确保绿化生态空间规模，提升区域生态功能；南部优化发展区，以对接雄安新区战略、推动产业转型升级战略为重点，加快推动南部小型或作坊式铸造、压延业及表面处理行业等整治。

最后，雄安新区优先加强生态环境宜居建设，打造绿色城市，提升城市环境承载力。按《河北雄安新区规划纲要》中提到的"一淀、三带、九片、多廊"生态格局规划新区的生态环境，提高森林覆盖率、城区绿化面积，充分发挥优质自然要素的先天优势，提升城市碳汇能力，筑牢城市高质量发展绿色屏障；不断提升新能源和可再生能源消费结构占比，拓展新能源和可再生能源开发应用场景，增强新能源产业发展竞争力，从供需两端加快城市能源绿色转型步伐；推进水电燃气地热等资源的数智化发展，以数字技术提高能源企业智能化管理水平，提升能源使用效率。

三、提升环京津核心功能区软实力，在文化特色上显魅力

重视发展文化产业，推动文化产业发展壮大，是环京津核心功能区城市能级提升的重要支撑。应深入发掘并利用环京津核心功能区丰厚的文化底蕴，发挥各城市自身文化资源优势，推进文化产业发展向纵深发展，将文化资源转化为文化资本，推动文化及相关产业规模持续扩大，在提升城市文化软实力上下功夫，打造创意经济影响力、竞争力。

首先，提高环京津核心功能区优质文化供给能力。环京津核心功能区各城市文化产业发展、文化基础设施建设、旅游资源等均存在差异性，要推动区域文化产业发展，必须坚持差异化发展策略，坚持创新赋能，

统筹协调各地文化旅游资源，持续优化区域内部文化产业布局，扎实推进区域文化产业带建设。建设雄安文化产业引领区，以打造贯彻落实新发展理念的创新发展示范区为引领，系统构建"雄安文化 IP 群"，对接首都和全球优秀文化，打造高端高新文化产业高地；充分发挥雄安新区的国际影响力，集聚全球文化创新要素和资源，引导高端新型文化和旅游产业在雄安聚集。全面推进白洋淀国家生态旅游示范区创建工作，打造世界级创新旅游城市，创意开发一批融合雄安文化特色的新型文化和旅游产品，形成雄安文化标识。廊坊市在"一核三带、六大组团"的整体空间格局下，加强对廊坊优秀文化的挖掘阐释，提升"廊坊 + 艺术节"品牌影响力，实施文艺作品质量提升工程，培育系列文化品牌活动，创新艺术发展机制，强化文化资源保护传承，构建立体化文物保护体系，推进文物重点保护工程，秉承创造性转化和创新性发展思路，筑牢廊坊文化自信，厚植廊坊文化发展根脉。保定市立足其文化产业基础和资源特色，通过做强六大优势文化产业集群，传承发扬曲阳雕刻文化，推动中医院产业与文化产业融合发展，打响"千年药都""天下第一药市"文化品牌，推动香业文化产业集群；培育三大成长型文化产业，加快培育数字文化产业新业态，加强数字内容创作生产，创新提升传统文化实体经济，培育发展文化装备制造业，打造京津冀文化装备制造中心；提升五大传统文化业态；发展文化产业园区，实施重点文化产业示范园区、基地提升行动，支持加强创意研发设计中心建设，加强园区公共服务平台建设，推动文化产业与创新创业园区、经济开发区融合发展，形成"区中园""园中园"，借力大园区平台实现快速发展；壮大产业市场主体，构建完善的现代文化产业体系。

其次，推动环京津核心功能区文化和旅游融合发展。落实"城市 + 旅游"理念，推动城市功能的旅游化改造，培育城市无处不游的休闲游憩系统和旅游无处不在的公共服务系统。廊道成网是贯穿雄安、盘活全域旅游资源的重要文化生态走廊。系统梳理新区大运河文化带、燕南长城、宋辽边关地道三大带状文化遗产，谋划建设国家文化公园，重点打造新区大运河文化旅游带，实现赵王新河雄安新区段部分河段通航。探索白沟引河、萍河、大清河、南拒马河等河流空间，环淀绿化带、环起步区绿化带等绿地空间与旅游融合开发的新路径，开发水路、陆路等游览方式，打造公园、驿站、绿道相互交织的休闲旅游带。

四、加强环京津核心功能区民生建设，在宜居环境上显成绩

持续增进民生福祉，提高居民的获得感、幸福感，是城市发展的根本。应致力于提升城市社会治理能力与治理水平，不断优化公共服务管理机制；提升城市在教育、医疗、养老等方面的公共服务供给水平；推动城市轨道交通建设和市政基础设施向智能化发展；持续改善生态环境，建设宜居韧性智慧城市。

首先，依托承接区域载体建设实现高品质公共服务供给。一方面，结合环京津核心功能区各城市公共服务建设现状，统筹推进教育培训、医疗健康、文化体育等方面的公共服务和配套设施建设，通过疏解、对口帮扶、企业合作等多种形式，切实做好北京非首都功能疏解工作，为承接北京教育培训、医疗健康、科研院所等机构转移创造良好环境，吸引和集聚一大批京津优质资源，重点打造雄安新区、廊坊北三县高品质公共服务承载地，使集聚优势持续凸显。另一方面，创新公共服务资源供给，构建公共服务供给主体多元化体系。公共服务的供给主体不能局限于政府，也可以借鉴国内外先进经验，在政府主导的基础上充分利用多元化的市场，放开放宽准入限制，鼓励企业、社会机构等社会主体参与到公共服务供给中来，为公共服务供给注入发展活力。

其次，提升环京津核心功能区基础设施智能化建设水平。充分运用物联网等现代信息技术，开展燃气、供水、供热等市政管网智能监测管理，开展市政设施智能化改造。建设智慧社区管理平台，鼓励社区建设智能停车、智能快递柜、智能垃圾箱等配套设施，提升智能化服务水平。推动"互联网＋政府服务"向社区延伸，实施社区公共设施和基础设施

数字化、网络化、智能化改造和管理，提升智能化管理水平。加强5G网络规划布局，做好高速公路、高铁沿线等应用场景5G网络覆盖，有序推进信息管理平台建设。

最后，稳步提升生态环境质量和生态服务功能。环京津核心功能区，不断突出人居环境风险防护，强化污染治理、产业结构调整及重点河湖污染防治，以重点河湖为试点，精准识别主要问题症结，因地制宜，科学施策，推动实现人水和谐。深化白洋淀生态修复保护，有效控制淀区内源污染，科学稳妥实施白洋淀淀内生态清淤，深入整治淀区面源污染，加强淀中村、淀边村生活污水处理设施建设与运行；强化白洋淀上游流域治理修复，统筹全流域水生态环境整治和修复工程。立足资源环境承载能力，优化城市化地区、农产品主产区、生态功能区三大空间格局，推进城市化地区集约绿色低碳发展，引导保定市、廊坊市高质量集约式发展，雄安新区高质量绿色发展，统筹推进环京津核心功能区生态共建环境共治。

五、拓宽环京津核心功能区视域，在开放发展中提能级

环京津核心功能区着眼于国家发展和国际分工大格局，积极参与全球沟通与治理，完善其城市功能，发挥区位和文化资源优势，以制度创新为核心，以营商环境优化为重点，建设高能级对外开放平台，加快构建以国内大循环为主体、国际国内双循环相互促进的新发展格局，建设更高水平开放型经济新体制，实施区域的更高水平对外开放。

首先，强化政策引导，着力构建国际合作产业园、境外产业园等国际合作平台，深化国际经贸合作。积极推动河北自贸区雄安片区建设，强化廊坊经济开发区作为环京津核心功能区高质量合作、高水平开放的引领作用，充分发挥长城汽车、中电熊猫晶体科技、中建机械等龙头企业在国际化发展中的商务、信息和资本等平台作用，积极开展跨国经营、并购和投资，形成一批紧密联系地方发展的资源配置平台。

其次，积极搭建国际人文交流合作平台。一方面，鼓励中外企业开展跨国交流合作，搭建中外双方需求和资源对接"桥梁"，为国外高素质复合型人才和专业团队来访交流开设"绿色通道"。另一方面，推动高等院校、科研机构与国外机构互通有无、开展合作，积极选派学术带头人、优秀青年教师和学生等赴国外高水平大学、教育机构交流访问、研修学习，大力吸引优秀外籍教师、文教专家和学生学者从事教学科研与研修学习。

最后，加强与国际组织的交流合作，积极承办、举办具有国际影响力的国际会议、国际展览、国际赛事等，提高城市的国际知名度，塑造城市品牌。一方面，鼓励支持雄安新区围绕"未来城市建设、产业发展、信息化建设、生态保护"等领域，线上线下结合，打造国际交流合作新平台，深入挖掘合作机遇，助力国际优质资源要素流入。另一方面，推动廊坊会展机构与全球展览业协会（UFI）、国际展览与项目协会（IAEE）、独立组展商协会（SISO）、国际大会和会议协会（ICCA）等知名会展业组织、行业协会以及会展企业的交流与合作，创办高端论坛、展会和节庆活动。支持具有国家重点实验室、重点学科、重点专科的产业基地、医院、学校谋划举办国际学术高层交流活动。另外，保定市要充分发挥高端活动平台作用，积极组织参与中国国际进口博览会、中国国际数字经济博览会等国家、省重点经贸洽谈活动，配合做好高碑店国际被动房大会、白沟国际箱包博览会等具有本地特色、实效性强的投资洽谈活动；同时，引进知名会展中介组织和服务机构，提升会展专业化服务水平。

参 考 文 献

［1］安蓓.2025 年我国基本建成"轨道上的长三角"［J］.城市轨道交通研究，2020，23（5）：191.

［2］安树伟.近年来我国城镇体系的演变特点与结构优化［J］.广东社会科学，2010（6）：12－19.

［3］安晓明."一带一路"背景下我国内陆节点城市功能优化研究［J］.城市与环境研究，2016（4）：67－80.

［4］陈建华.城市能级提高与现代服务业发展研究［J］.科学发展，2009（11）：19－24.

［5］陈柳钦.城市功能及其空间结构和区际协调［J］.中国名城，2011（1）：46－55.

［6］陈瑶，许敏.碳排放视角下我国城市群环境公平状况及关键要素分析——以长三角城市群为例［J］.学习与探索，2023（4）：119－127.

［7］陈耀，周洪霞.中国城镇化对经济增长的影响机理及其区域差异——基于省际面板数据的实证分析［J］.当代经济管理，2014，36（8）：59－66.

［8］程晖.长三角一体化高质量发展按下"快进键"［N］.中国经济导报，2020－09－03（003）.

［9］丛亮.长三角一体化发展上升为国家战略三年成果丰硕［J］.宏观经济管理，2021（12）：1－2，9.

［10］范舟.雄安新区发展研究报告（第一卷）［M］.北京：知识产权出版社，2017.

[11] 范舟. 雄安新区发展研究报告（第二卷）[M]. 北京：知识产权出版社，2017.

[12] 范舟. 雄安新区发展研究报告（第三卷）[M]. 北京：知识产权出版社，2017.

[13] 范舟. 雄安新区发展研究报告（第四卷）[M]. 北京：知识产权出版社，2017.

[14] 方创琳，梁龙武，王振波. 京津冀城市群可持续爬升规律的定量模拟及验证 [J]. 中国科学：地球科学，2020，50（1）：104-121.

[15] 方创琳. 城市群发展能级的提升路径 [J]. 国家治理，2018，12（4）：3-10.

[16] 方大春，孙明月. 长江经济带核心城市影响力研究 [J]. 经济地理，2015，35（1）：76-81，20.

[17] 方应波，黄炜迦，朱慧. 基于城市能级的珠三角城市群城市空间结构研究 [J]. 广州大学学报（自然科学版），2018，17（5）：67-73.

[18] 冯海波. 广东携手港澳建设一流湾区和世界级城市群 [N]. 广东科技报，2019-07-12（002）.

[19] 符正平，何俊志，黎熙元. 粤港澳大湾区发展研究报告（2019~2020）[M]. 广州：中山大学出版社.

[20] 甘雪明，张东方，郑佳欣，等. 举全市之力推进粤港澳大湾区建设 [N]. 南方日报，2019-03-18（A04）.

[21] 苟爱萍，张振，王江波. 基于POI视角的上海城市功能区演化特征及驱动因素 [J]. 资源开发与市场，2022（7）：1-20.

[22] 古小东，夏斌. 区域生态环境保护协同机制的优化构建——以粤港澳大湾区为例 [J]. 当代港澳研究，2019（1）：27-55.

[23] 官卫华，姚士谋. 基于交通走廊的城市群区域空间成长研究——以宁镇扬区域成长三角为例 [C]. 规划50年——2006中国城市规划年会论文集（上册），2006：145-154.

［24］郭付友，陈才，刘继生，等．转型期长春市服务空间与城市功能空间关系特征研究［J］．地理科学，2015，35（3）：299－305．

［25］郭荣朝，宋双华，苗长虹．城市群结构优化与功能升级——以中原城市群为例［J］．地理科学，2011，31（3）：322－328．

［26］韩雪．雄安新区发展功能定位研究［D］．北京：中共中央党校，2020．

［27］韩玉刚，焦化富，李俊峰．基于城市能级提升的安徽江淮城市群空间结构优化研究［J］．经济地理，2010，30（7）：1101－1106，1132．

［28］郝金连，王利，孙凡凯．城市旅游目的地旅游资源空间分布与旅游功能区重构——以大连市为例［J］．湖南师范大学自然科学学报，2021，44（6）：37－45．

［29］侯杰，张梅青．城市群功能分工对区域协调发展的影响研究——以京津冀城市群为例［J］．经济学家，2020（6）：77－86．

［30］侯学钢，彭再德．上海城市功能转变与地域空间结构优化［J］．城市规划，1997（4）：8－11．

［31］胡鞍钢，刘生龙．交通运输、经济增长及溢出效应——基于中国省际数据空间经济计量的结果［J］．中国工业经济，2009（5）：5－14．

［32］胡毅，张京祥．基于县域尺度的长三角城市群经济空间演变特征研究［J］．经济地理，2010，30（7）：1112－1117．

［33］黄安，许月卿，卢龙辉，等．"生产—生活—生态"空间识别与优化研究进展［J］．地理科学进展，2020，39（3）：503－518．

［34］黄金川，林浩曦，漆潇潇．面向国土空间优化的三生空间研究进展［J］．地理科学进展，2017，36（3）：378－391．

［35］金永亮．"产城融合"提升城市能级广州策略研究［J］．北方经济，2012（Z1）：82－83．

［36］阚长城，马琦伟，党安荣．基于时空大数据的北京城市功能混合评估方法及规划策略［J］．科技导报，2020，38（3）：123－131．

［37］李广东，方创琳．城市生态—生产—生活空间功能定量识别与

分析 [J]. 地理学报, 2016, 71 (1): 49-65.

[38] 李江龙. 现代服务业发展与城市能级提升 [J]. 理论探索, 2007 (2): 90-92.

[39] 李巍. 深化协同创新, 加快"京津研发、河北转化" [N]. 河北日报, 2023-01-11 (007).

[40] 李小建, 樊新生. 欠发达地区经济空间结构及其经济溢出效应的实证研究——以河南省为例 [J]. 地理科学, 2006 (1): 1-6.

[41] 栗翘楚. 雄安新区: 高质量高标准建设拔节生长 [EB/OL]. (2021-05-02) [2021-05-05]. http://finance.people.com.cn/n1/2021/0502/c1004-32094063.html.

[42] 刘江会, 贾高清. 上海离全球城市有多远?——基于城市网络联系能级的比较分析 [J]. 城市发展研究, 2014, 21 (11): 30-38.

[43] 刘欣葵, 彭文英. 城市功能分区与分区分类管理 [J]. 城市管理与科技, 2010, 12 (4): 20-22.

[44] 刘旭. 积极推进区域改革 深化外汇管理改革开放 [J]. 中国外汇, 2022 (19): 52-55.

[45] 刘勇. 城市空间利用优化的目标与方式: "三生"空间视角 [J]. 管理现代化, 2020, 40 (4): 84-87.

[46] 刘志彪. 长三角高质量一体化发展研究 [M]. 北京: 中国人民大学出版社, 2019.

[47] 刘志彪. 长三角更高质量一体化发展的三个基本策略问题分析 [J]. 江苏行政学院学报, 2019 (5): 38-44.

[48] 柳天恩, 张泽波. 雄安新区承接北京非首都功能的进展、问题与对策 [J]. 改革与战略, 2021, 37 (7): 109-116.

[49] 卢奕帆, 梁颖然, 卢思言, 等. 结合"珞珈一号"夜间灯光与城市功能分区的广州市碳排放空间分布模拟及其影响因素分析 [J]. 地球信息科学学报, 2022, 24 (6): 1176-1188.

[50] 陆大道. 京津功能定位须跨越体制门槛 [J]. 中国房地产业,

2014（11）：50 – 51.

［51］陆大道. 大都市区的发展及其规划［J］. 经济地理，2009，29
（10）：1585 – 1587.

［52］陆大道. 京津冀城市群功能定位及协同发展［J］. 地理科学进
展，2015，34（3）：265 – 270.

［53］陆相林，马凌波，孙中伟，等. 基于能级提升的京津冀城市群
旅游空间结构优化［J］. 地域研究与开发，2018，37（4）：98 – 103.

［54］吕静韦，何亚欣，周晶晶. 新发展格局下京津冀世界级城市群
高质量发展研究［J］. 中国国情国力，2022（6）：57 – 61.

［55］吕拉昌，谢媛媛，黄茹. 我国三大都市圈城市创新能级体系比
较［J］. 人文地理，2013（3）：91 – 95.

［56］马燕坤. 城市群功能空间分工形成的演化模型与实证分析
［J］. 经济管理，2016，38（12）：31 – 46.

［57］麦国垚. 粤港澳大湾区大气污染协同治理法律问题研究［D］.
广州：广东外语外贸大学，2020.

［58］莫璇，周春，史伟宗. 广佛同城化党政联席会议在佛山召开
［N］. 佛山日报，2020 – 07 – 02（A01）.

［59］南方日报评论员. 强化大湾区辐射带动作用［N］. 南方日报，
2019 – 07 – 10（A04）.

［60］钮心毅，丁亮，宋小冬. 基于手机数据识别上海中心城的城市
空间结构［J］. 城市规划学刊，2014（6）：61 – 67.

［61］潘承仕. 城市功能综合评价研究［D］. 重庆：重庆大学，2004.

［62］彭瑶玲，张臻，闫晶晶. 重庆主城区城市空间结构演变与优
化——基于公共服务功能组织视角［J］. 城市规划，2020，44（5）：54 – 61.

［63］朴勋，边坤，宇娉，等. 基于开放数据的青岛东岸城区市民休
闲功能空间分布研究［J］. 建筑与文化，2020（9）：69 – 70.

［64］齐讴歌，赵勇. 城市群功能分工的时序演变与区域差异［J］.
财经科学，2014（7）：114 – 121.

[65] 秦萧，甄峰，熊丽芳，等. 大数据时代城市时空间行为研究方法 [J]. 地理科学进展，2013，32（9）：1352 - 1361.

[66] 尚永珍，陈耀. 功能空间分工与城市群经济增长——基于京津冀和长三角城市群的对比分析 [J]. 经济问题探索，2019（4）：77 - 83.

[67] 申庆喜，李诚固，马佐澎，等. 基于服务空间视角的长春市城市功能空间扩展研究 [J]. 地理科学，2016，36（2）：274 - 282.

[68] 申庆喜，李诚固，周国磊，等. 2002~2012年长春市城市功能空间耦合研究 [J]. 地理研究，2015，34（10）：1897 - 1910.

[69] 沈佳暄，许海燕. 并蒂连枝，展现"江苏担当" [N]. 新华日报，2021 - 12 - 02（002）.

[70] 沈金华，曾翔旻. 城市功能的优化与提升 [J]. 中国城市经济，2007（5）：56 - 59.

[71] 施祖辉. 国际中心城市的功能能级比较——上海与世界水平的差距 [J]. 现代城市研究，1997（1）：56 - 61.

[72] 施祖辉. 上海与国际中心城市的功能能级比较 [J]. 预测，1997（1）：17 - 29.

[73] 时新镇. 长三角城市群"三生"功能评价及耦合协调特征研究 [D]. 长沙：湖南师范大学，2021.

[74] 史玉峰，王艳. 基于自组织神经网络的城市功能分区研究 [J]. 计算机工程，2006（18）：206 - 207，250.

[75] 孙超英，邹炀. 成都市城市能级和核心竞争力分析——基于武汉、杭州、西安、东莞的比较 [J]. 成都行政学院学报，2020（1）：53 - 57，92.

[76] 孙久文，陈耀，杨开忠，等. 推进京津冀区域高质量发展的新进展——京津冀协同发展八周年和雄安新区设立五周年座谈会专家发言摘编 [J]. 经济与管理，2022，36（4）：18 - 28.

[77] 孙久文，夏添. 新时代京津冀协同发展的重点任务初探 [J]. 北京行政学院学报，2018（5）：15 - 24.

[78] 孙久文，殷赏．"双循环"新发展格局下粤港澳大湾区高质量发展的战略构想 [J]．广东社会科学，2022（4）：17 – 25，286 – 287.

[79] 孙久文，原倩．京津冀协同发展战略的比较和演进重点 [J]．经济社会体制比较，2014（5）：1 – 11.

[80] 孙志刚．城市功能论 [M]．北京：经济管理出版社，1998.

[81] 孙志刚．论城市功能的叠加性发展规律 [J]．经济评论，1999（1）：81 – 85.

[82] 汪场．重磅发布！"长三角样板"蓝图已定——《长江三角洲地区交通运输更高质量一体化发展规划》解读 [J]．交通建设与管理，2020（2）：54 – 57.

[83] 王斌，赵香芹．中小城市战略新兴产业研发机构布局优化：空间、产业及功能——以江苏省常州市为例 [J]．技术与创新管理，2019，40（6）：773 – 778.

[84] 王洪峰，王敏，张涛，等．奋进，向着未来之城！河北雄安新区建设发展两周年纪实 [EB/OL]．（2019 – 03 – 31）[2021 – 03 – 10]．http：//www．xinhuanet．com/politics/201903/31/c_1124307055．htm?agt = 5871.

[85] 王璐．长三角交通一体化施工图敲定 [N]．经济参考报，2020 – 04 – 29（001）.

[86] 韦晨，侯国林．基于"三生空间"功能评价的中原城市群国土空间特征及优化研究 [J]．湖南师范大学自然科学学报，2020，43（3）：18 – 26.

[87] 魏丽华．京津冀产业协同发展困境与思考 [J]．中国流通经济，2017，31（5）：117 – 126.

[88] 文魁．北京城市发展的十大关系 [J]．城市管理与科技，2017，19（1）：15 – 17.

[89] 巫细波，赖长强．基于 POI 大数据的城市群功能空间结构特征研究——以粤港澳大湾区为例 [J]．城市观察，2019（3）：44 – 55.

[90] 吴殿廷，王丽华，王素娟，等．把旅游业建设成为战略性支柱

产业的必要性、可能性及战略对策［J］．中国软科学，2010（9）：1 - 7.

［91］吴根权．安徽"入长"三周年答卷［N］．安徽经济报，2021 - 11 - 06（001）.

［92］伍江．上海城市发展内涵和理念优化调整与城市能级的阶段性提升［J］．科学发展，2016（4）：99 - 106.

［93］肖金成，郭克莎，陆军，等．雄安新区战略发展的路径选择——"雄安新区与京津冀协同发展：理论及政策"高端论坛专家发言摘编（上）［J］．经济与管理，2017，31（3）：6 - 12.

［94］肖玮，林承亮．城市功能优化与传统制造业城市的创新转轨［J］．科技进步与对策，2010，27（18）：34 - 37.

［95］谢梦姣．基于产业集聚的区域智慧物流创新发展研究［D］．天津：天津职业技术师范大学，2020.

［96］谢晓彤，李效顺．河南省"三生"功能时空演变特征及影响因素［J］．农业工程学报，2021，37（22）：243 - 252.

［97］雄安绿研智库有限公司．雄安新区绿色发展报告（2017 ~ 2019）［M］．北京：中国城市出版社，2020.

［98］熊励，孙文灿．"互联网 +"背景下创新要素流动对城市能级提升的动力机制研究——以上海数据和模型仿真为例［J］．科技进步与对策，2016，33（20）：43 - 49.

［99］徐朝晖．金华喜迎长三角城市群新机遇［N］．金华日报，2016 - 06 - 11（A03）.

［100］徐磊，董捷，陈恩．基于"三生"功能的长江中游城市群国土空间利用协调特征［J］．水土保持研究，2018，25（2）：257 - 263.

［101］徐维祥，张凌燕，刘程军，等．城市功能与区域创新耦合协调的空间联系研究——以长江经济带 107 个城市为实证［J］．地理科学，2017，37（11）：1659 - 1667.

［102］徐勇前．适应企业发展新需求　创建特色培训体系［J］．上海企业，2020（5）：84 - 87.

[103] 闫程莉，安树伟．中国首都圈中小城市功能的测度与分类研究 [J]．改革与战略，2014，30（4）：88-95.

[104] 杨开忠．京津冀大战略与首都未来构想——调整疏解北京城市功能的几个基本问题 [J]．人民论坛·学术前沿，2015（2）：72-83，95.

[105] 杨开忠．雄安新区规划建设要处理好的几个重要关系 [J]．经济学动态，2017（7）：8-10.

[106] 杨莎莎，邓闻静，纪明．中国十大城市群核心城市影响力比较分析 [J]．统计与决策，2017（23）：123-128.

[107] 杨振山，苏锦华，杨航，等．基于多源数据的城市功能区精细化研究——以北京为例 [J]．地理研究，2021，40（2）：477-494.

[108] 姚永玲，董月，王韫涵．北京和首尔全球城市网络联系能级及其动力因素比较 [J]．经济地理，2012，32（8）：36-42.

[109] 姚永玲，唐彦哲．城市群首位城市的联系能级、中心度和控制力 [J]．经济地理，2015，35（7）：66-71，78.

[110] 余文凯．未来30年互联网发展提升上海城市能级与智慧城市研究 [J]．科学发展，2016（11）：102-112.

[111] 张贵，李彩月，吕晓静．京津冀协同发展研究综述与展望 [J]．河北工业大学学报（社会科学版），2021，13（1）：1-11.

[112] 张贵，王树强，刘沙，等．基于产业对接与转移的京津冀协同发展研究 [J]．经济与管理，2014，28（4）：14-20.

[113] 张颢瀚．提升长三角的城市能级 [J]．社会科学，2003（4）：17-21.

[114] 张京祥．规划决策民主化：基于城市管治的透视 [J]．人文地理，2005（3）：39-43.

[115] 张可云，蔡之兵．北京非首都功能的内涵、影响机理及其疏解思路 [J]．河北学刊，2015，35（3）：116-123.

[116] 张可云，蔡之兵．京津冀协同发展历程、制约因素及未来方

向 [J]. 河北学刊, 2014, 34 (6): 101 – 105.

[117] 张磊, 武友德, 李军, 等. 泛珠江三角洲经济圈城市职能结构特征与分类研究 [J]. 西北人口, 2016, 37 (3): 21 – 25.

[118] 张丽. 以首都功能提升推动构建双循环新发展格局 [J]. 大连民族大学学报, 2022, 24 (2): 115 – 118.

[119] 张卫良. 坚持城市国际化战略, 加快提升杭州的城市能级 [J]. 杭州 (周刊), 2018, 514 (30): 14 – 17.

[120] 张学良. 以都市圈建设推动城市群的高质量发展 [J]. 上海城市管理, 2018, 27 (5): 2 – 3.

[121] 张亚培. 加速重大国家战略的河北实践 [J]. 乡音, 2023 (2): 39 – 40.

[122] 张志斌, 公维民, 张怀林, 等. 兰州市生产性服务业的空间集聚及其影响因素 [J]. 经济地理, 2019, 39 (9): 112 – 121.

[123] 赵航. 产业集聚效应与城市功能空间演化 [J]. 城市问题, 2011 (3): 16 – 20.

[124] 赵渺希, 魏冀明, 吴康. 京津冀城市群的功能联系及其复杂网络演化 [J]. 城市规划学刊, 2014 (1): 46 – 52.

[125] 赵全超, 汪波, 王举颖. 环渤海经济圈城市群能级梯度分布结构与区域经济发展战略研究 [J]. 北京交通大学学报 (社会科学版), 2006 (2): 28 – 32.

[126] 赵全超. 我国三大经济圈城市群能级分布研究 [D]. 天津: 天津大学, 2004.

[127] 赵勇, 白永秀. 中国城市群功能分工测度与分析 [J]. 中国工业经济, 2012 (11): 18 – 30.

[128] 赵勇, 魏后凯. 政府干预、城市群空间功能分工与地区差距——兼论中国区域政策的有效性 [J]. 管理世界, 2015 (8): 14 – 29, 187.

[129] 郑敏睿, 郑新奇, 李天乐, 等. 京津冀城市群城市功能互动

格局与治理策略［J］. 地理学报，2022，77（6）：1374 – 1390.

［130］中共中央 国务院印发《粤港澳大湾区发展规划纲要》［R］. 中华人民共和国国务院公报，2019（7）：4 – 25.

［131］周辰. 核心区视角下的城市体系构建——以京津冀城市群为中心［J］. 科学经济社会，2020，38（3）：62 – 72.

［132］周振华. 论城市能级水平与现代服务业［J］. 社会科学，2005（9）：11 – 18.

［133］朱灯花. 长三角一体化的基建机遇［N］. 国际金融报，2020 – 06 – 01（006）.

［134］朱媛媛，曾菊新. 中国中部地区六个中心城市功能优化研究［J］. 地理与地理信息科学，2013，29（6）：73 – 77，94.

［135］庄敬宜，张娜，张晓楠. 大数据背景下面向城市空间分布数据挖掘研究［J］. 黑龙江科学，2020，11（22）：130 – 131.

［136］Bade, F. J. , C. F. Laaser and S. Rüdiger. Urban Specialization in the Internet Age：Empirical Findings for Germany［R］. Kiel Working Papers，2004.

［137］Combes, P. P. , G. Duranton, L. Gobillon, D. Puga and S. Roux. The Productivity Advantages of Large Cities：Distinguishing Agglomeration from Firm Selection［J］. Econometrica，2012，80（6）：2543 – 2594.

［138］Couch, C. and J. Karecha. Controlling Urban Sprawl：Some Experiences from Liverpool［J］. Cities，2006，23（5）：353 – 363.

［139］Cutsinger, J. and G. Galster. There is No Sprawl Syndrome：A New Typology of Metropolitan Land Use Patterns［J］. Urban Geography，2006，27（3）：228 – 252.

［140］Duranton, G. and D. Puga. Micro – foundations of Urban Agglomeration Economies［M］. Handbook of Regional and Urban Economics. Elsevier，2004（4）：2063 – 2117.

［141］Duranton, G. and H. G. Overman. Testing for Localization Using

Micro – Geographic Data [J]. Review of Economic Studies, 2002, 72 (4): 1077 – 1106.

[142] Fujita, M. , P. Krugman, and A. J. Venables. The Spatial Economy: Cities, Regions, and International Trade [M]. MIT Press Books , 2001, 1 (1): 283 – 285.

[143] Gao, S. , K. Janowicz and H. Couclelis. Extracting Urban Functional Regions from Points of Interest and Human Activities on Location-based Social Networks [J]. Transactions in GIS, 2017, 21 (3): 446 – 467.

[144] Hu, Y. , Y. Han. Identification of Urban Functional Areas Based on POI data: A Case Study of the Guangzhou Economic and Technological Development Zone [J]. Sustainability, 2019, 11 (5): 1385.

[145] Jones, C. Spatial Economy and the Geography of Functional Economic Areas [J]. Environment and Planning B: Urban Analytics and City Science, 2017, 44 (3): 486 – 503.

[146] Krugman, P. Increasing Returns and Economic Geography [J]. Journal of Political Economy, 1991, 99 (3): 483 – 499.

[147] Poelmans, L. and V. R. Anton. Complexity and Performance of Urban Expansion Models [J]. Computers, Environment and Urban Systems, 2010, 34 (1): 17 – 27.

[148] Robert, C. and, K. Kockelman. Travel Demand and the 3ds: Density, Diversity and Design [J]. Transportation Research Part D Transport & Environment, 1997, 2 (3): 199 – 219.

[149] Tan, Y. , N. Sipe, R. Evans and M. Pitot. A GIS-based Land Use and Public Transport Accessibility Indexing Model [J]. Australian Planner, 2007, 44 (3): 30 – 37.

[150] Thomas, W. L. , N. Kaza and S. Kirk. Making Room for Manufacturing: Understanding Industrial Land Conversion in Cities [J]. Journal of the American Planning Association, 2013, 79 (4): 295 – 313.

［151］ Yuan，N. J. , Y. Zheng and X. Xie. Discovering Urban Functional Zones Using Latent Activity Trajectories ［J］. IEEE Transactions on Knowledge and Data Engineering，2014，27（3）：712 – 725.